英文 自己PRと推薦状

磨こう！自己アピール力
〔三訂版〕

Resume/Cover Letter/Essay
Recommendation Letter
Useful Expressions

寺澤 惠　井上 多恵子 共著

税務経理協会

三訂版発行にあたり

　三訂版発行にあたり、米国の大学院の出願要項やホームページから抜粋していた表現を、初版発行時点の2003年当時の表現から現在掲載されている表現に置き換え、英国の大学院の例も追記しました。13年もの歳月を経ても、「アピール力のある表現」の本質は変わっていないと感じることができたのは、収穫でした。

　今回の三訂版には、自分自身を短時間で魅力的に伝えるための自己紹介文も追加しました。組織横断的に、あるいは組織の外の人達と働くことが増えていること、また、異業種交流会に参加したり、社外のコミュニティに所属したりする人が増えている中、留学や転職の際だけでなく、日常的に、自分自身を魅力的に伝える機会が増えているからです。

　企業の提携や人材のグローバル化が進み、従来日本語で全ての業務が可能だった職場でも、英語が必要になっているところが増えています。今まで転職を考えなかった人も、この先、転職をする可能性はあります。業務上で接点を持つ人々も、組織内外、国内外と、益々多様になっていくことでしょう。英語でアピールする力を磨くことで、変化の激しい時代を生き抜いていくための一つの武器を身に着けることができます。本書が読者の方々のお力になれることを祈念しています。

2016年3月吉日

寺澤　　惠
井上　多恵子

はじめに

　本書は「沈黙の文化」と言われる日本社会で育った人達が、「弁論の文化」と言われる欧米社会で成功するために必要な**「アピールする力（以下アピール力）」**についての解説書です。欧米ではさまざまな場面でアピール力が必要とされます。日常生活はもちろん、自分の学業・仕事人生をより豊かにするためにアピール力は不可欠です。**アピール力が無いとさまざまな場面で不利**となりかねません。

　2002年にノーベル賞を受賞された、あの謙虚な田中耕一さんも、「日本人は自己アピール力を磨くべきだ」と、インタビューの中で語っています（2002年10月11日付け日本経済新聞朝刊）。積極的に告知していないため、日本にあるたくさんの優れた技術が海外で知られていない、と言うのです。ボーダーレス化が進み、海外との接触がますます身近になっていく中で、**「アピール力」を磨くことの大切さ**は、今後ますます高まっていくでしょう。

　本書は、寺澤　惠と井上多恵子の共著です。寺澤は日本における英文履歴書・カバーレターのパイオニアとして、初の関連書籍を1987年に出版し、続いて1988年に職務経歴書についての解説書も執筆しました。1999年には「英文履歴書コンサルタント レジュメプロ Resume Pro」のホームページを開設し、**レジュメ・カバーレター・職務経歴書などのコンサルティング・作成代行をe-メールで行うサービス**を始めました。（このホームページはレジュメプロというキーワードで**検索**できます。）

　Webページ開設後、何百名にも及ぶかたがたに対して、コンサルティング・**作成代行**を行ってきましたが、そうした中で痛感したの

は「アピールする」ことに対する理解不足のために、効果的な書類が書けず、チャンスをつかめない方が多いということです。

共著者の井上は、米国での中学・高校生活と、社会人としての豪州駐在経験、豪州のジャーナリズムの学習経験や、グローバルなビジネス・プライベートのやり取りを通じて、日本人は自己アピール力が弱いために損をしている、と感じてきました。この二人の共通の思いをベースに、**「英語でアピールする力」**を身につけていただくための入門書として、本書が誕生しました。

本書では欧米と日本でなぜ「アピール力」に対する認識が違うのか、その結果どのような違いが表れるのか、学業・職業などの選択過程で必要なアピール力とは何か、**「英語でアピールする表現と文例」**にはどのようなものがあるのか、について解説します。参考になると思われる箇所には、なるべく英文と和文を併記しました。

具体的な書類として**レジュメ・カバーレター・エッセイ・推薦状**の4つの書類を取り上げます。紙面の都合上、個々の書類の形式や決まりごとなどについては概要を解説するにとどめました。レジュメとカバーレターの「書き方」についての詳細な解説を希望される方は、第Ⅰ部の第2章と第3章の最後に載せた「参考図書」(寺澤が執筆)をご参照ください。

レジュメは、職歴上での実績・知識・能力などを記載する自分のカタログのようなもので、転職・留学など幅広い目的で使います。
カバーレターは、英文履歴書などに添えて、自分がいかに応募先に貢献できるかなどをアピールするセールスレターです。レジュメでは客観的事実を述べるのに対し、カバーレターでは熱意を語り自分を積極的に売り込みます。

エッセイと推薦状は、主に、留学の際に必要な書類です。試験の点数で容易に判定できる学業面での成績に加えて、出願者の資質・性格・熱意などを含めて合否を決定する、米国の大学院などの入学者選考過程で重要な役割を果たします。自分の考えを書くエッセイに対し、第三者が出願者について書くのが推薦状です。求職者や、ビザの申請者について書く推薦状もあります。本書では、推薦者が「身近な人をアピール」する方法と、推薦者に効果的な推薦状を書いてもらうコツについて解説します。

　カバーレターやレジュメなどで**面接の機会**を得ることに成功したら、次は面接官に対して自分を売り込むプレゼンテーションを行います。選考プロセスの一つとしてインタビューを実施する大学院もあります。本書で解説する**「英語でアピールする力」**は、**面接**の際にも大いに役立ちます。それは面接官が知りたい出願者のスキル・資質・意欲などを、前述した4つの書類がカバーしているからです。**「アピールする表現と文例」**を学習して自分のものにすることで、**プレゼンテーション**のバリエイションが広がります。

　「アピール力」習得には終わりがありません。より効果的な表現を求め、常に意識して磨き続ける必要があります。本書が国際社会で活躍を目指すかたがたの**「アピール力」取得のきっかけ**となれば幸いです。

2003年7月吉日

寺澤　　惠

井上　多恵子

本書の特徴

本書は、以下の特徴を持っています。

まず第1に、**転職・留学などに必須の、レジュメ・カバーレター・エッセイ・推薦状の4つの書類を解説**するに当たり、単に作成方法の説明にとどまらず、「**アピールする方法**」に焦点を当てています。

- 「アピールする力」をつけていただけるように、アピール力のある表現と文例について英文と和文とを併記していますので、英語の学習にも極めて効果的です。
- 英文手紙の文例のほか、大学院の出願要綱やホームページから「アピール」する表現を抜粋するのに加え、「**アピール力のある表現**」・「**アピール力のある文例**」として、能力・資質や主体的に行動することなどをアピールする表現と文例を掲載しています。

第2に、上記4つの書類について**現状を反映した「生きた」解説**を行っています。

- **レジュメプロが行ったコンサルテーションの例を紹介**することで、**レジュメ改善のノウハウを伝授**しています。
- **米国人学生が作成したエッセイ**の例を載せています。

- **英文推薦状**については、米国 UCLA の講師（博士）の米国人が作成した**魅力的な例を紹介**しています。どの例も、**実際に入学をかちとるのに貢献**したものです。
- また、**米国の主要大学院のホームページを調査**し、受験資格や回答を要する質問事項、各書類の役割や作成に当たり注意すべき点などについて、詳細に解説しています。
- 最新の願書の概要を留学希望のかたがたに知っていただくだけでなく、**どのような能力や資質が欧米では高く評価されるのかを知る**ことにも役立ちます。

第3に、必要に応じて**どの章から読み始めても理解できる**ように、工夫をこらしました。

- 手っ取り早く出願要項の知識を得たい場合は、第Ⅰ部・第4章「エッセイの解説」と第Ⅱ部・第1章「英文推薦状の解説」をまずは読んでください。
- 留学の際にもレジュメを提出することが望ましいので、第Ⅰ部・第2章「レジュメの解説」も読んでください。
- 転職を希望されるかたは、第Ⅰ部・第2章「レジュメの解説」に加えて、第Ⅰ部・第3章「カバーレターの解説」を読むことで、求職先に提出すべきレジュメとカバーレターの基礎知識を得ることができます。
- いずれの場合も、書類を書くに当たっては、アピールするための英語表現が必要になります。これらは主に第Ⅲ部で「アピール力のある表現と文例」で学ぶことができます。

目　　次

三訂版発行にあたり

はじめに

本書の特徴

第Ⅰ部　英文自己ＰＲ

第１章　アピール力　欧米と日本の違い　19
　（１）　自己アピール力が必要な欧米　20
　（２）　アピール力の訓練　21
　（３）　手紙に見るアピール文　24
　　　　◎　身内を褒める表現

第２章　レジュメの解説　27
　（１）　レジュメ(Resume)とは　28
　　　　◎　レジュメと **CV**
　　　　◎　レジュメの役割
　（２）　レジュメ作成のポイント　29
　　　　◎　それぞれの求職先に合ったレジュメを作る
　　　　◎　貴重なスペースを無駄にしない

- ◎ 抽象的な表現や独りよがりの表現を避ける
- ◎ 事実に徹する

(3) レジュメの例　38
- ◎ レジュメ1【コンサルテーション前】
- ◎ レジュメ2【コンサルテーション後】

(4) 参考図書　50

第3章　カバーレターの解説　51

(1) カバーレター（Cover Letter）とは　52
- ◎ カバーレターの役割

(2) カバーレター作成のポイント　53
- ◎ 相手の立場に立った志望理由を書く
- ◎ ラブレターを出すつもりで書く
- ◎ ビジネスレターの作成能力を示す
- ◎ AIDAの原則

(3) カバーレターの例　60
- ◎ カバーレターのフォーマット
- ◎ Cabin Attendant
- ◎ キャビン・アテンダント
- ◎ Management Consultant
- ◎ マネジメント・コンサルタント

(4) 参考図書　66

第4章　エッセイの解説　67

(1)　エッセイ (Essay) とは　68

◎　エッセイの役割

◇Harvard Law School の例

◇Massachusetts Institute of Technology Sloan School of Management の例

◇ Stanford University – Graduate School of Business の例

(2)　エッセイ作成のポイント　71

◎　出願書類の1要素であることを認識する

◎　それぞれの志望先に合ったエッセイを作成する

◎　関連性のあるキャリアゴールを明記する

◎　誠実に書く

◎　質問をよく理解したうえで、テーマを選ぶ

◎　事実やエピソードなどを注意深く選ぶ

◎　抽象的な表現を避ける

◎　指定された語数内と書き方で書く

◎　すっきりと流れる文章構成にする

◎　読み手に分かりやすく書く

◎　第三者にチェックをしてもらう

(3)　大学院の願書に見るエッセイ　81

◎　Stanford University – Graduate School of Busine の例

- ◎ Graduate Division, University of California, San Diego の例
- ◎ Oxford University - Saïd Business School の例
- ◎ University of Cambridge - Judge Business School の例

（4） エッセイの例　90
- ◎ 弁護士志望者のエッセイ

第Ⅱ部　英文推薦状
(Recommendation Letter)

第1章　英文推薦状の解説　99

（1）　英文推薦状とは　100
- ◎ 英文推薦状の役割
  - ◇ Stanford Graduate School of Business の例
  - ◇ UCLA　Anderson School of Management の例

（2）　英文推薦状作成のポイント　102
- ◎ 推薦者を注意深く選ぶ
  - ◇ Harvard Business School の例
  - ◇ Stanford Graduate School of Business の例
  - ◇ UCLA　Anderson School of Management の例

- ◎ 指定された職業の人を推薦者に選ぶ
  - ◇ Stanford Graduate School of Business の例
- ◎ 推薦者に十分な情報を提供する
- ◎ 所定の言語・長さ・レイアウト形式で提出してもらう
  - ◇ Stanford Graduate School of Business の例
- ◎ 構成に注意して具体的に書いてもらう
- ◎ 効果的な推薦状を書くためのアドバイス

（3） 大学院の願書に見る英文推薦状　116
- ◎ The Wharton School, The University of Pennsylvania, MBA Program の例
- ◎ UCLA　Anderson School of Management の例
- ◎ Stanford Graduate School of Business の例
- ◎ MIT Sloan の例
- ◎ The London Business School の例

第2章　英文推薦状の例　123

（1）　Mr. John Lumby に対する推薦状　124
　　　　（ロースクール志望）

（2）　Ms. Mary Sykes に対する推薦状　130
　　　　（ロースクール志望）

（3）　Mr. Jim Lagache に対する推薦状　135
　　　　（メディカルスクール志望）

（4）　Ms. Keiko Nagayama に対する推薦状　140
　　　　（異文化間コミュニケーション志望）

（5） Ms. Jane Ash に対する推薦状　145
　　　　（奨学金受給志望）
（6） Mr. Tom Kurtz に対する推薦状　151
　　　　（奨学金受給志望）

第Ⅲ部　アピール力のある表現と文例

第1章　アピール力のある表現　159
（1）　能力や熟達度をアピールする表現　160
（2）　個人的資質をアピールする表現　167
（3）　主体的に行動したことを示す表現　178

第2章　アピール力のある文例　193
（1）　The Wharton School, The University of Pennsylvania, MBA Program　194
（2）　Kellogg School of Management, Northwestern University　196
（3）　Harvard Business School (HBS)　200
（4）　Stanford Graduate School of Business　203
（5）　Columbia Business School　207
（6）　UCLA Anderson School of Management　209
（7）　The MIT Sloan School MBA　211
（8）　LinkedIn®　214
（9）　自己紹介文　217

参考資料　223
あとがき　225

アピール力のある表現—英語表現索引　227
アピール力のある表現—日本語表現索引　229

第Ⅰ部

英文自己PR

第1章

アピール力 欧米と日本の違い

《この章の要約》

　欧米では、さまざまな場面で「自分をアピールする力」が必要とされます。特に、出願・就職・転職の機会をつかもうとする際や、就職先で給与面などの交渉を行う際には、交渉力が無ければ損をします。欧米では幼少の頃から「自分の考えを整理して相手に伝える訓練」を受けます。「自分をアピールする」ことは一種のスキルであり、アピール力は磨くことが可能です。日本でも近年「自己アピール力」の必要性が増しています。

（1） 自己アピール力が必要な欧米

　一般に、日本人は欧米人に比べ自己アピールが得意でない、と言われます。「謙遜」が美徳と考えられているためか、自己アピールの訓練があまり行われていないということが一因でしょう。「謙遜」という慣習自体は、日本社会で物事を円滑に進めるための知恵であり、悪いことではありません。自己アピールは、注意しないと、強すぎる自己主張になってしまい、対立構造を招く恐れを持っているからです。

　しかし**欧米社会で活路を見出そうとする場合は、「謙遜」というモードとは決別しなければならない**でしょう。あなたが、欧米への留学や、日本の外資系企業・欧米企業への就職を希望する場合は、アピール力は不可欠です。数多くの競争相手に勝つために、あなたの強みや経験をきちんと相手に伝えなければなりません。

　アメリカ人の友人の一人は、"This more than anything else will bring greater opportunities and recognition."（このこと《大学や職場で自分を売り込むこと》が他のどんな手段よりも大きな機会と認知度を与えてくれる）と言います。

　求職時には、「応募職種で自分がいかに貢献できるか」を伝えるカバーレターを書きます。積極的に自分をアピールすることに慣れていないと、どうしても弱い表現になってしまいます。その場合は、力強く書かれた、ほかの求職者の文章と比較されて、あなた自身の魅力が少ないと思われかねません。

　就職してからも、**自分がいかに会社に貢献しているかをアピールして、給与や雇用条件の交渉を有利に進めるためには、「努力して売

上に貢献した」といったような抽象的な表現ではなく、できるだけ定量化して、例えば「売上を前年比20％増やすことでマーケット・シェアを3位から2位に上げた」というように表現すべきです。給与を上げることを交渉相手に納得してもらう必要があるからです。

　日本の企業でも「能力主義」が注目されるようになり、自分の貢献度をアピールする場面が増えてきています。設定した目標に対して、どれだけの実績をあげたかによって給与が変わってくる時代です。日本での評価基準はまだ曖昧と言われますが、評価をガラス張りにする企業も出てきており、変化は加速しています。**これからの時代は「アピール力」がないと損をする**のです。

（2）　アピール力の訓練

　アピール力はスキルであり、磨かれるものです。日本人が一般にアピールを得意としないのは、教育が影響していると思われます。かねてから、日本の授業は「つめこみ主義」や「暗記主義」として、批判されてきました。授業の多くが、一方的に講義を聴くスタイルで、試験で論文を書くことはあっても、何かをプレゼンテーションする、ということはほとんど無いのが現状です。

　飲食産業の就職面接を受けた知り合いの学生が、次のように語っていました。「某有名大学の学生が、自己アピールをしてくださいと言われ、1分間沈黙してしまった」と。接客が大切な飲食産業の面接にもかかわらず、緊張して何を話したらよいか分からなかったのは、そもそも「自己アピールしてください」という問いに答える訓練に乏しかったのが一因でしょう。

中学と高校の一部を米国で過ごした共著者の井上は、帰国してから「帰国子女だから変わっている」と言われたことが何回かありました。社会人になってからも「アメリカで暮らしたから自分の意見をそのように言うのか」と言われることがあります。「**自分の意見をはっきりと伝える**」という訓練を米国で受けたことが一因でしょう。

米国での授業では各グループが、ある議題に対して異なった論点をベースに討論する「**ディベート(debate)**」が繰り返し行われ、いかに自分の意見を論理的に語ったか、が問われました。また「ロールプレイング」と称して、大統領とか議員とかの立場で主張を行う訓練も行いました。米国の大学院のクラスでは、学生からさまざまな意見を引き出す役目を担っている教授の存在と、それを受けた、学生達の活発な議論に驚かされます。

米国の子供達は、就学前のナースリー・スクール（保育園）や、キンダーガーテン（幼稚園）から小学校低学年にかけて、"Show and Tell."、つまり「何かを見せてお話する時間」を通じて、人前で意見が言えるように訓練されます。ナースリー・スクールの段階では遊び感覚で取り入れられる"Show and Tell."も、小学校への準備段階となるキンダーガーテンでは、「話し方の時間」としてカリキュラムに組み込まれます。年齢とともに、家から持参する品も、訪ねた博物館のパンフレットや、収集物など、多種多様となって、みんなで楽しみながら、話し方と聞き方の訓練をします。

ある地域では、小学校3年生になると、毎週月曜日に発表されるテーマに沿って、その金曜日には1人2分程度の持ち時間でスピーチを行い、声の大きさ・スピーチの内容・質問に対する答え方などが評価されるそうです。そのほか、毎月決められたテーマの本につ

いての読書感想発表会があり、年に１度のサイエンスフェアでは、２年生以上は、自分で考えたテーマで実験を行い、その結果をパネルにして展示するとのことです。

　中学生ともなると、自己表現の訓練として、さらに前述の教育的なディベートが授業に組み込まれます。

　このように米国では、**訓練は幼少時代からスタート**しています。フランスに赴任していた方からも、幼少時代からの同様な訓練の話を聞いたことがあります。もちろん、「自分の意見をはっきり伝えること」は、直接「自己アピール」にはつながりません。しかし「自分の考えを整理して相手に伝える」訓練を積んだ人は、「自分をアピールする」ための論理構成を組み立てるのに慣れている、と言えるでしょう。

　アピールするという観点ですごいと感じるのは、インド人です。インド人と日本人の合同研修の場に居合わせたことがありますが、インド人が積極的に発言しアピールする一方で、日本人がおとなしく講義を聞いていた様子が印象的でした。

　本書では、アピールする文章を作成したり、伝えたりするにはどうすれば良いのか、という点についてのヒントをいろいろ掲載しました。ぜひ参考にしてください。

（3） 手紙に見るアピール文

日常的に「アピール」が行われている例として、欧米の友人から筆者に届いた手紙を見てみましょう。

◎ 身内を誉める表現

日本では身内をあまり誉めません。それどころか照れ隠しなのでしょうか。「愚妻」や「愚息」といった表現さえ使われます。これに対して、欧米では積極的に身内を誉めることが多く行われます。

> She confidently took the lead role in her concert.

彼女はコンサートで、自信たっぷりに主役を演じました。

> Kate was a star at playing golf.

ケイトはゴルフのプレーで花形でした。

> He has a good chance of being the setter for the Varsity next year.

彼は来年代表チームでセッターになる可能性が高いです。

> Paul is an avid reader. We are told he is one of the best readers in the class.

ポールは熱心な読者家です。クラスで最も優秀な読み手の1人だと聞いています。

> Our family has had a good year with the most notable achievement being Kate's attainment of MBA. This is quite a triumph. We are very proud of her.

私達の家族は良い1年を過ごしました。最も目立った成果は、ケイトがMBAを取ったことで、これはすごい勝利です。私達は彼女のことをとても誇りに思っています。

> All four children display amazing creative talent.

私達の子供は、4人全員が、驚くべきクリエイティブな才能を示しています。

> David, our eldest grandchild, is doing very well at the college and carried off three or four of the class prizes this year. He has just sat the School Certificate exam and I am sure that he will pass very well.

私達の一番年長の孫であるデイビッドは、大学で優秀な成績を収めており、今年3つか4つの賞を受賞しました。彼は最近、学校の資格試験を受験したばかりですが、彼がとても良い点を取って合格することを、私は確信しています。

> David's younger brother Mike was winner of the area prize in the Nestle essay competition.

デイビッドの弟マイクは、ネスレのエッセイコンテストで、地域賞を獲得しました。

第 2 章

レジュメの解説

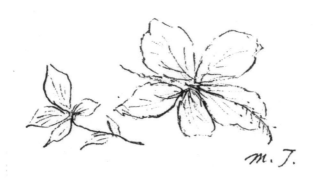

《この章の要約》

　経歴の要点を魅力的に表現するレジュメは、外資系企業などへの就職希望者にとって必須ですし留学の際にも提出することが望ましいです。自分をアピールする大切なセールスツールであるレジュメの作成に当たっては、気をつけるべき点がいくつかあります。採用側が読む数多くのレジュメの中から、最も採用担当者の印象に残る魅力的なレジュメを作成するためのポイントを解説します。

(1) レジュメ (**Resume**) とは

◎ レジュメとCV

　レジュメ（resume）は、**経歴などの要点を魅力的に表現する書類**であり、外資系企業や国際ビジネス関連企業などへの就職希望者にとって必須です。

　レジュメのことを日本では通常「英文履歴書」と呼びます。**Resume** は米国系の呼び名で、英国系では curriculum vitae を略した **CV**（シー・ヴィー）などと呼びます。本書では世界的標準とされる米国式のレジュメをベースに話を進めます。

　レジュメは、就職・留学などの際に、第一関門を突破し、面接にたどりつくための重要な書類です。

- 外資系企業などへの求職
　英字新聞に掲載されている求人広告の大部分が、レジュメまたは **CV** を要求しています。
- 留学
　米国の大学院などの admissions requirements（入学選考に当たっての必要条件）に current resume（最新のレジュメ）や類似の情報を含めていることがあります。応募要項で要求されていなくても、レジュメを含めることが望ましいです。

◎　レジュメの役割

　レジュメは採用側にとっても応募者にとっても重要な書類です。

- 採用側
  まずレジュメの良否で求職者を選別して、面接対象者を絞り込みます。
- 応募者
  レジュメの作成を通じて、就職・留学の目的や、自分の適性などを分析することにより、効果的な面接の準備をすることができます。また自分自身についての認識を深め、自分がこれまで何をやってきたのかについて具体的に振り返ることで、次に進むべき道を考える、いわゆる「キャリアの棚卸」にもレジュメ作成は大いに役立ちます。

（2）レジュメ作成のポイント

　レジュメは、本書で取り上げる自己アピール文章の中でも、一番応用範囲が広い、重要な書類です。あなた自身を企業や教育機関にアピールして売り込むための、大切なセールスツールです。採用側が読む数多くのレジュメの中から、あなたのレジュメを引き立たせるために、以下の点に留意してレジュメを書くことが大切です。

- 経歴を単に書き並べるのではなく、主な経験・業績・能力などの要点を簡潔かつ効果的にまとめる。

- あなたのプラスになる情報を積極的な表現で書く。
- あなたの業績・成果について具体的に書く。
- あなたが人より優れている点を書く。
- 採用側にとっての重要な情報から先に書く。
- 統一性とバランスに注意して書く。

　レジュメ作成の大原則は「**読み手の立場に立って作成する**」ことです。冷静に考えれば当たり前のことですが、この大原則を守らないレジュメが数多く見られます。この関連での、主なポイントについて見てみましょう。

◎　それぞれの求職先に合ったレジュメを作る

　日本で一般的に使用されている履歴書は、既に印刷されたフォーマットに従って、パーソナルデータ・職歴・学歴などを載せる形になっています。どの企業にも「志望理由」を除いては基本的に同じ内容の履歴書を提出することが多く、その慣習からか、レジュメの場合も、一つだけ作ってそれを数か所に送る傾向が見られます。

　しかし考えてみてください。採用側は応募者が応募職種にどのように貢献できるのかを知りたいのです。**職種によって、求められる経験・資質は違います。**したがって、個別の状況に合わせて、それぞれに応じた最適のレジュメを書くことが必要です。

　労を惜しまず、個別にレジュメを作成すること！これがレジュメ作成の基本です。求職先によっては「求める人材」について応募要項に記述していることがあります。希望職種に求められているもの

は何か、それらに対して自分の経験やスキルを駆使してどう応えられるのか、まずは、その洗い出し作業を行ってください。

以前は、レジュメの冒頭に Job Objective（希望職種）を記載し、SUMMARY OF QUALIFICATIONS（資格の要約）という項目で、求められている資格や資質をどのように充たしているかを記載していました。今は、Job Objective を書かずに、自分が従事したい職種を記載し、その下に、その職種にふさわしいことを裏付ける資格や資質などを記載することが一般的になっています。

一例として、Flight Attendant（客室乗務員）の方のレジュメを見てみましょう。

Flight Attendant

客室乗務員

5 years experience working as flight attendant with European airlines.

欧州航空会社での5年間に及ぶ客室乗務員としての経験。

Understanding of foreign culture gained through 3 years experience studying in London.

3年間ロンドンで学び身につけた、外国の文化に対する理解。

> Excellent interpersonal skills and ability to work in a team.

優れた対人関係スキルと、チームの中で働く能力。

> Ability to perform calmly under pressure.

プレッシャーがある状況下で、冷静に行動する能力。

　同じ客室乗務員であっても、航空会社が変われば、当然、求められる条件も変わってきます。特定の航空会社のニーズに合わせて、その職種にふさわしいことを裏付ける資格や資質として記載する事項を変更しなければなりません。
　一定の必要事項さえ含めれば、レジュメはフォーム・内容・書き方など全て自由です。職能中心にまとめる場合、学歴を先に書く場合、職歴を先に書く場合など、さまざまな形式の中から、応募職種に対する自分の強みを最適に示す形式を選択してください。いずれの場合も、**日本の履歴書と異なり逆年代順**に書いてください。直近のことに採用側は興味を持つからです。
　学校で学んだこと、社会人として積み上げてきたことなどを活かして、今あなたがどういった立場でどういった内容の仕事を行い、どういった業績をあげているかが大切です。これらの点が、採用側にとっての関心事項なのです。

◎ 貴重なスペースを無駄にしない

　日本では履歴書に「趣味」について書く欄があり、「旅行・料理・スポーツ」などの趣味を記載します。確かに趣味はその人の人となりの一面を表すものです。旅行が好きであれば活動的、スポーツが好きであれば体力がある、と推定することは可能です。
　しかし、これらはあくまでも、読み手の推定の域を脱しません。求職先が必要とするのは、**これらの趣味を持つあなたが、どのように応募職種で貢献してくれるのか**、ということなのです。したがって、趣味をアピールしたいのであれば、例えば、

> Strong interest in foreign culture as demonstrated by my liking towards overseas travels.

　　海外旅行への好みに見る、外国の文化に対する強い関心。

> Physical strength and spirit of teamwork acquired through club activity at the university.

　　大学時代にクラブ活動で鍛えた体力と、チームワークを大事にする精神。

というように、職種で求められる資質と関連づけて表現します。貴重な限られたスペースは、効果的なものに絞って書きましょう。

あくまでも読み手があなたを選ぶに当たって参考になる情報を記述しましょう。職務上の経験も同様です。応募先の職務を遂行するに当たり、プラスとならないものを細かく書く必要はありません。

レジュメは通常、**1〜2ページ程度**に収めます。数多くの書類に目を通さなければならない採用側は、書類を読むのに多くの時間をかけられません。また、長々と自己アピールされても印象に残りません。したがってレジュメを書く際は、内容を吟味して、本当に必要な情報に限定することが大切です。**和文を英文に直すと、通常15%前後分量が増える**ことを計算に入れてください。

あなたのさまざまな経歴や経験から、応募先に応じたエッセンスを抜き出す作業が必要です。聞き手の関心を考慮に入れ、膨大な資料を整理し、**限られた時間内で、分かりやすい、簡潔なプレゼンテーションを行う作業**と同じです。

簡潔な文章を書くために、次のポイントを覚えておきましょう。

- 項目の内容が複数ある場合には、箇条書きにする。
- I（私）は使用しない。

【例】

> ➢ Created Access database.
> ➢ Reported to my superior.

　　　　✧　Accessのデータベースを作成。
　　　　✧　上司に報告。

◎ 抽象的な表現や独りよがりの表現を避ける

次の2つの表現を比較してみてください。

> Contributed greatly to increasing the sales.

　売上の増加に大きく貢献。

> Achieved a 10 % increase in sales that had previously been flat by devising and executing a consumer campaign. Received an award out of 10 sales people for contributing to sales.

　自ら策定した消費者キャンペーンの実施により、それまで横ばいだった売上高で、対前年度比10%増を達成し、10名いるセールスマンの中でただ一人、売上貢献賞を受賞。

　どちらの方が、より具体的に実績をイメージできるでしょうか。明らかに、**定量的な情報と実績に対する評価**が含まれている後者の方が分かりやすいです。売上増に貢献したことを伝えたいのならば、どういった手法を用いて効果をあげたのか、効果に対する評価はどうだったのか、を加えることで、より明確に相手に伝えることができます。**可能な限り数値を用い、具体的に書いてください。**
　他の例として、「新しい物流体制を構築した」という表現はどうでしょうか。「新しいものを作った。物流には詳しいらしい」というこ

とぐらいしか分かりません。この文を書いた人は自分がどのような物流システムをどのような経緯で構築し、それがどのような重要な意味を持ったのかを知っています。しかし初めてその経歴を読む人は、その実績が持つ重みについては、全く分かりません。

　そのような常識的なことは言われなくても分かると思われるかもしれませんが、実際に自分自身のレジュメを書き始めると、作業に没頭するあまり、独善的なものになってしまうことが多いようです。

　レジュメプロのコンサルテーションを受けた結果、「自分が書いたレジュメが、いかに分かりにくいものだったかに気づき、愕然としました」という感想を述べられた方がいます。

　レジュメの原稿ができたら、ぜひ、第三者に読んでもらい、書かれたことを追加の説明なしで理解できるか、また、あなたがどういう実績を上げたのかを具体的にイメージできるか、を確認してみてください。

　下記のような点について、補足説明を行うのも効果的です。それぞれに例をつけましたので、参考にしてください。

- 学習や研修の受講期間、大学の専攻、資格取得の時期など

> Bachelor of Arts, Economics, Hitotsubashi University, Tokyo
> Majored in Macro Economics. (2008)

　　一橋大学（東京都）　経済学　学士
　　マクロ経済学を専攻。(2008年)

第2章　レジュメの解説　37

> TOEIC 800 points（2014）

　　TOEIC 800 点　　（2014 年）

- 名称では分かりにくい、会社の業務内容

> X Company, Osaka
> Line of business:　Retail

　　X 社（大阪府）
　　業種：小売り

- 職場での地位、管理者として指導した人数

> Supervised six staff members as Manager.

　　6 名のスタッフをマネジャーとして監督。

- 業務範囲を示す数（担当した顧客数や書類の数など）

> Trained 100 employees every month.

　　毎月 100 名の従業員を訓練。

◎ 事実に徹する

レジュメには客観的事実のみを記載し、志望動機や熱意等は後述する**カバーレター**に記載します。いかに自分をアピールしたくても、真実と異なることを述べたり、片寄った記述をしたりしてはいけません。あなたに関する**事実**を文章構成や表現力などで、いかに魅力的にアピールするかが腕の見せどころです。

（3） レジュメの例

レジュメプロで行ったコンサルテーションを例に、**魅力的なレジュメを作成する方法**を見てみましょう。コンサルテーション前と、後のレジュメを見てください。全体の構成をご覧願うために、全体を1ページに縮小したものを最初に載せ、必要に応じて、各英文と和文を併記したものを掲載します。

◎ レジュメ 1 【コンサルテーション前】

（注） 1．人名・社名などについては仮名を使用しています。
　　　 2．和文は一部、省略してあります。
　　　 3．このレジュメには、**文法上正しくない表記や、句読点の誤り（カンマの後に1字分開けていない）**などがありますが、**そのままにしてあります。**
　　　　　（レジュメを作る際には、必ず第三者に見てもらって、これらのミスを修正するようにしてください。）

Yoshiko Kuga
5-40-10, Maruyama, Nakanoku　Tokyo 165-0027 03-2226-1205

RE:　Advertisement in Japan Times on Oct. 30th

SKILLS

Ability to relate to and support wide range of people.
High English skill both communicative and return.
Customer service and sales experience
Ability to work in multi-cultural environment.
Basic computer skill.

WORK EXPERIENCE

Excellence Multi-language school, April 2010-present. School management and sales department. Worked as office organizer by communicating with students and new customers to improve customer satisfaction; coordinator between native English teachers and students who have different nationalities and backgrounds; counselor for the students' various purposes and requests such as school exchange program, business trip and individual travel;
sales staff of the related service such as multi-language service by frequent interview.

EDUCATION

University of Heisei,Shibuya- ku, Tokyo
Bachelor of Arts graduated March 2010, Comparative cultural studies.
Scarsdale University English Language Program, Scarsdale, New York
May-August 2008

REFERENCES

Available upon request

Yoshiko Kuga

5-40-10, Maruyama, Nakanoku　Tokyo 165-0027　03-2226-1205

RE:　Advertisement in Japan Times on Oct. 30th

10月30日付のジャパンタイムズに掲載された広告の件

SKILLS　（スキル）

Ability to relate to and support wide range of people.

さまざまな人々と関わり、サポートする能力。

High English skill both communicative and return.

意思伝達及び返答時に活用できる高度な英語スキル。

Customer service and sales experience.

顧客サービスと営業の経験。

Ability to work in multi-cultural environment.

多文化の環境で働くことができる能力。

> Basic computer skill.

基本的なコンピューターの知識。

WORK EXPERIENCE（職歴）

> Excellence Multi-language school,　April 2010-present.

エクセレンス多言語語学学校　2010年4月〜現在。

> School management and sales department

学校管理・営業部門。

> Worked as office organizer by communicating with students and new customers to improve customer satisfaction:

顧客満足度を高めるために、学生や新しい顧客と連絡を取るオフィスのオーガナイザーとして、勤務。

> coordinator between native English teachers and students who have different nationalities and backgrounds

英語を母国語とする先生と、異なった国籍やバックグラウンドを持つ学生との間のコーディネーター。

> counselor for the students' various purposes and requests such as school exchange program, business trip and individual travel

学校での交換プログラム、出張やプライベートな旅行などの、学生のさまざまな目的と要求に対応するカウンセラー。

> sales staff of the related service such as multi-language service by frequent interview

頻繁な面談による多言語サービスなどの関連サービス販売者。

EDUCATION （学歴）

> University of Heisei, Tokyo
> Bachelor of Arts graduated March 2010, Comparative cultural studies

平成大学、東京 文学士 2010年3月 卒業。 比較文化学。

> Scarsdale University English Language Program, Scarsdale, New York May-August 2008

ニューヨーク州　スカースデール大学　英語プログラム
2008年5月〜8月。

REFERENCES（信用照会先）

Available upon request

　要求に応じて提供可能。

　レジュメ作成のポイントの一つは「**具体的に記述する**」ことでした。ところが「レジュメ1」には職種の記載がなく的が絞られておらず、表現が全体的に抽象的で、具体性を欠いています。

◎　レジュメ　2　【コンサルテーション後】

　コンサルテーションを行って作成した次頁のレジュメを、特に、次のポイントに注意してご覧ください。

- 箇条書きを使うなどして、レイアウトを工夫。
- Guest Relations　(顧客対応)として希望する**職種を明確化**。
- タイからの観光客をターゲットとしたホテル（応募先）でのGuest Relations にふさわしいことを裏付ける定量的な情報を記載。
- Strong English skill（英語に強い）を裏付けるために、英語試験の点数と実務で使用している点を追記。

YOSHIKO KUGA
5-40-10, Maruyama, Nakano-ku, Tokyo 165-0027
03-2226-1205   shizuka@mail.service.co.jp

Guest Relations

- Keen interest in and wholehearted respect for the culture and people of Thailand.
- International experience acquired through foreign travels including a 3 month solo trip to Thailand and other Asian countries.
- Various interpersonal skills cultivated through 1 year and a half of work experience in managing a major language school at 3 locations.

WORK EXPERIENCE and ACHIEVEMENTS

2010 - present   Excellence Multi-language School, Tokyo
Experienced all phases of school operations except teaching.

Customer relations
Improved satisfaction of a wide range of students from 5 to 80 years old and potential customers by 30% in 5 years through customer-oriented communication.

Counseling
Counseled over 100 students in individual sessions, carefully listening to and understanding each student's purpose of study.

Liaison
Have been serving as the chief liaison staff between 20 instructors and staff members for 3 years. (Have built up long-term relationships with many of the instructors.)

Coordination
Coordinate between native foreign teachers of different nationalities and cultural backgrounds and students.

Trouble-shooting
Have quickly solved misunderstandings between instructors and students occurring from miscommunication.

Sales
Have sold multi-language teaching programs and related products, consistently achieving the sales target.

SKILLS

English: TOEIC Score 850 points (2009)
           Use daily at work.
PC: Ability to write macros in Excel.

EDUCATION

2010   B.A. in Comparative Cultural Studies. University of Heisei, Tokyo
2008   3 months' English Language Program, Scarsdale University, Scarsdale, N.Y. (Took leave of absence from University of Heisei and completed the program.)

YOSHIKO KUGA

5-40-10, Maruyama, Nakano-ku, Tokyo 165-0027
03-2226-1205   shizuka@mail.service.co.jp

Guest Relations （顧客対応）

> Keen interest in and wholehearted respect for the culture and people of Thailand.

タイの国民と文化に対する、強い関心と心からの尊敬の念。

> International experience acquired through foreign travels including a 3 month solo trip to Thailand and other Asian countries.

タイ、および、ほかのアジアの国々への、3か月に及ぶ一人旅を含む外国旅行を通じて得た国際経験。

> Various interpersonal skills cultivated through 1 year and a half of work experience in managing a major language school at 3 locations.

大手語学学校の3支所を、1年半管理した経験を通じて身につけた、さまざまな対人関係のスキル。

WORK EXPERIENCE and ACHIEVEMENTS（職歴と実績）

> *2010 – present*　Excellence Multi-language School, Tokyo

エクセレンス多言語語学学校　東京　2010年〜現在。

> Experienced all phases of school operations except teaching.

教えることを除く、学校運営のすべてを経験。

> **Customer relations:**
> Improved satisfaction of a wide range of students from 5 to 80 years old and potential customers by 30% in 5 years through customer-oriented communication..

顧客対応：

5歳から80歳に及ぶ、幅広い層の生徒や潜在顧客と顧客志向のコミュニケーションを取ることにより、5年間で顧客満足度を30%向上。

> **Counseling:**
> Counseled over 100 students in individual sessions, carefully listening to and understanding each student's purpose of study.

カウンセリング：
100人以上の学生に対し、各人の学習の目的を注意深く聞き理解し、個別カウンセリングを実施。

> **Liaison:**
> Have been serving as the chief liaison staff between 20 instructors and staff members for 3 years. (Have built up long-term relationships with many of the instructors.)

リエゾン（連絡）：
20名の教師とスタッフの間のチーフ連絡係として3年間勤務（多くの教師と長期にわたる関係性を構築）。

> **Coordination:**
> Coordinate between native foreign teachers of different nationalities and cultural backgrounds and students.

コーディネーション(調整)：
さまざまな国籍や文化的背景を持つ英語を母国語とする外国の教師と学生を調整。

> **Trouble-shooting:**
> Have quickly solved misunderstandings between instructors and students occurring from miscommunication.

問題解決：
コミュニケーションがうまくいかないことから生じる、教師と学生の間の誤解を迅速に解決。

Sales:
Have sold multi-language teaching programs and related products, consistently achieving the sales target.

営業：
多言語を教えるプログラムや関連商品を、一貫して売上目標を達成する形で販売。

SKILLS（スキル）

English： TOEIC Score 850 points (2009)
　　　　　Use daily at work.

　英語： 　TOEIC 850点（2009年）
　　　　　日常的に業務で使用。

PC： 　　Ability to write macros in Excel.

　PC： 　Excel でマクロを書く能力。

EDUCATION (学歴)

2010	B.A. in Comparative Cultural Studies. University of Heisei, Tokyo

 2010年   平成大学（東京都）文学士 比較文学専攻。

2008	3 months' English Language Program, Scarsdale University Scarsdale, N.Y. (Took leave of absence from University of Heisei and completed the program.)

 2008年   スカースデール大学 3か月間の英語プログラム。ニューヨーク州スカースデール（平成大学を休学して履修。）

（4） 参考図書

レジュメの作成についてより詳しく知りたい方は下記をご参照ください。

「英文履歴書ハンドブック　Resume Manual」 税務経理協会

著者：寺澤　惠

1987 年　初版　2000 年第 27 刷

定価：1,468 円（税込）　（2016 年 3 月現在）

- 全国図書館協会選定図書
- レジュメとカバーレターについての日本で最初の解説書
- 1987 年、台湾で中国語に翻訳されて出版、次いで 2000 年、韓国で韓国語に翻訳されて出版。
- レジュメ作成に当たっての、詳細な解説および表現と例文を掲載。

「英文履歴書文例集　Model Resumes」 税務経理協会

著者：寺澤　惠

1997 年　初版　2000 年第 3 刷

定価：1,836 円（税込）　（2016 年 3 月現在）

- 米国人を中心とする、ネイティブが使ったレジュメの実例 432 点とその説明を掲載。
  1999 年　台湾で中国語に翻訳されて出版。

第3章

カバーレターの解説

《この章の要約》

　カバーレターは、レジュメに添えて求職先などに送るレターで、アメリカでは求職時の重要書類の一つとして位置づけられています。自分がいかに企業に即戦力として貢献できるのかを、効果的に示すために、レジュメ同様、その作成に当たって注意すべき点がいくつかあります。また魅力的なカバーレターを作るためには、体裁や、パラグラフ構成などビジネスレターとしての決まりごとに従う必要があります。

（1） カバーレター（Cover Letter）とは

カバーレターは、**レジュメに添えて求職先などに送るレター**で、自分を売り込むためのセールスツールです。日本では馴染みが薄いですが、アメリカでは求職時の重要書類の一つとして位置づけられています。日本でも、他の競争相手に差をつけるために、ぜひとも添付すべき書類です。

レジュメが「自分に関する客観的事実」を効果的に述べる本人のカタログのようなものであるのに対し、**カバーレターではレジュメに書くのが難しい、企業や応募職種に対する自分の熱い思いなどを表現**することができます。**自分がいかに企業に即戦力として貢献できるか**を述べる「積極性を示す自己アピールレター」と言えます。

◎　カバーレターの役割

カバーレターは次のような重要な役割を持っています。

- ビジネスマナーを理解・実践していることを示す。
- ビジネスレター作成能力をアピールする。
- 好印象をもって採用側にレジュメを読んでもらうためのきっかけとなる。
- レジュメで伝えられないことを伝える。
- 自分の考えを整理することにより、面接の準備にもつながる。

募集要項で明記されていなくても、カバーレターを提出することをお勧めします。求職の際にはカバーレターとレジュメはセットで提出すると認識しておくとよいでしょう。オンラインでレジュメを提出することが増えてきた今でも、カバーレターは重要視されています。

（２）　カバーレター作成のポイント

レジュメ同様に、カバーレター作成時にも**「読み手の立場に立って作成する」**ことが大原則です。自分自身の思いを書くことに注力するためか、「読み手の立場に立って考えていない、自分中心」のカバーレターをよく見かけますが、望ましいものではありません。

◎　相手の立場に立った志望理由を書く

カバーレターに含めるべき重要な要素に「志望理由」があります。なぜ特定の企業の、今回募集がなされている職種に応募するのか、について述べるのです。ここで特に気をつけなければならないのが、次の例のように、「自分中心」の理由に片寄ってしまう傾向が一般的にあることです。

> By experiencing the project of launching your new salad into the market, I wish to deepen my knowledge on marketing and use that as a basis for starting up my own business in the future.

御社で新しいサラダを市場に導入するプロジェクトを経験することにより、マーケティングに関する知識を深め、将来自分が起業する際のベースとしたいと思います。

　動機自体は立派です。キャリアプランの面からも、求職先で働くことが自分のキャリアにどのような意味を持つのかを考えることは大切ですが、まずは、面接の機会をつかまなければなりません。「自分の野心」は心に秘め、即戦力を求めている求職先に対して、「**自分の経験と資質を活かして、応募職種に今、どのように貢献できるのか**」ということに**焦点を絞って**記述しましょう。例えば、

> With my five years experience as secretary with a foreign affiliated company, good command of English, excellent organizational skills, ability to work well with others, and most of all, the willingness to be of service to others, I believe I am well qualified for the position of executive secretary as advertised on your home page.

　外資系企業の秘書として5年間の経験を持ち、英語力、優れた組織力と他の人達と上手に働く能力、そして、喜んで他人の役に立つという資質を持ちますので、貴社ホームページで広告されている役員秘書のポジションに適格と存じます。

と書くことで、秘書としての貢献の可能性を、求職先に伝えることができます。

◎ ラブレターを出すつもりで書く

　カバーレターを書く際の心構えは、恋人になってもらいたい人に送るラブレターの場合と同じです。ラブレターを書く時には、相手の情報をあの手この手をつくして調べ、自分と共通の趣味や関心事項を見つけようとするでしょう。そして、少しでも相手が自分のことを気に入ってくれるように、**相手が望んでいるものは何かについて考え、その望みに自分はどのように応えられるのか**、なぜ自分が相手のことを好きなのか、について、とうとうと手紙の中で述べ、自分のことをアピールするでしょう。

　ラブレターを書く時と同じくらいの**情熱と時間を注いで**、カバーレターを書いてください。熱意を持って書いたレターは、読み手の心を打つに違いありません。実際、インターネットで検索すると、"a cover letter that conveys your passion"（あなたの**情熱を伝える**カバーレター）や、"bring passion into your cover letter"（カバーレターに**情熱を反映させなさい**）や、"creating a passionate cover letter"（**情熱**的なカバーレターを創ること）といったように、カバーレターと「**情熱**」をセットにした表現が多数見つかります。

　汎用的なカバーレターでは、迫力が不十分です。個々の企業の特徴や募集職種の内容と応募資格をよく調べ、**採用側のニーズを満たす情報を提供する**ことが肝要です。

　多くの企業が、優秀な人材の募集、企業や製品のＰＲ、または、投資家対策の目的のために、ホームページに詳しい情報を載せています。このようなツールを利用して情報を得ることは、極めて容易です。少しの努力と時間が大きな効果を生みます。

◎ ビジネスレターの作成能力を示す

カバーレターは企業に送るビジネスレターであり、作成に当たっては、ビジネスレターとしての決まりごとを守らなければなりません。決まりごとに従わないと、ビジネスレターを作成する能力が無いことを示してしまいます。自分をアピールするためのカバーレターが、自分のマイナス面をさらけ出してしまうと、逆効果です。

◎ AIDA の原則

ビジネスレターのパラグラフ構成の原則である AIDA を活用すると、魅力的で効果的なカバーレターを作りやすくなります。AIDA は Attention（注意）・Interest（関心）・Desire（願望）・Action（行動）の４つの言葉の頭文字をとったものです。カバーレターに当てはめると、次のようになります。

	AIDA		カバーレター
•	Attention	注意をひく	（求職の経緯）
•	Interest	関心を持ってもらう	（応募資格）
•	Desire	願望を持ってもらう	（追加情報）
•	Action	行動をとってもらう	（面接依頼）

冒頭の求職の経緯では、まず、新聞やホームページに掲載された求人広告を見て応募しているのか、あるいは知り合いの紹介によるものか、などについて述べます。例えば、

> I am applying for the position of web designer as advertised on your web page.

　貴社のホームページ上で募集がなされています、ウエブデザイナーのポジションに応募致します。

　志望理由も記載します。例えば、

> I have held an interest in the high quality and innovative advertisements your company produces.

　貴社が制作される高品質で革新的な広告に、私は関心を持ち続けてきました。

　次に、応募資格として、応募している職種にどのように貢献できるかについて、レジュメに記載した事項の中から、特にアピールできる点を要約して書いてください。そうすれば、求人側にインパクトを与え、あなたに関心を持ってもらう確率が高まります。例えば、女性向け雑誌の編集者への応募であれば、次のように表現します。

> With extensive experience in writing articles for various magazines targeted for young women, excellent writing skills as demonstrated by the many awards received, and a keen interest in consumer market, I feel I am well qualified for the job.

私は若い女性向けのさまざまな雑誌に記事を書いた広範囲におよぶ経験と、多くの賞を受賞した経験に見られる卓越した文章作成能力、そして、消費者市場に対する鋭い関心がありますので、その仕事に適格と存じます。

導入部分であなたに関心を持ってもらったら、次は、あなたに一度会ってみたいという願望を、求人側に持ってもらうステップです。そのために、求人側が魅力と感じる追加情報を記載します。応募職種に役立つ、職務上での関連実績・資質・性格・長所・研修歴などから、特に強調したい点を書くとよいでしょう。具体的なエピソードを書くことが望ましいです。例えば、

> The experience of starting up a new business in Singapore and growing it to a business with annual sales of 0.1 billion yen in 2 years has given me confidence and knowhow in developing new markets and dealing with people of various backgrounds. I believe, therefore, that I will be able to contribute greatly to your company as you expand your business overseas.

シンガポールで新規ビジネスを立ち上げ、2年間で年商1億円のビジネスに育て上げた経験は、新しい市場を開拓し、異なる背景を持つ人々と接することに対して、自信とノウハウを与えてくれました。したがって貴社がビジネスを海外に展開しようとされるに当たり、多くの貢献ができると信じております。

最後に、カバーレターを読んだ求人側に行動をとってもらうために、面接依頼について記載します。面接を希望することと、面接日時の連絡方法について述べ、併せて、時間をかけてレターを読んでもらったお礼を述べます。例えば、

> Attached resume details my background, but I would very much appreciate a personal interview with you to discuss my qualifications. I look forward to hearing from you. Thank you very much for your time and consideration.

　添付のレジュメに私の経歴を詳細に述べましたが、私の資格について直接お目にかかってお話させていただきたく、インタビューを希望致します。ご連絡をお待ち致しております。ご検討いただければ、幸いと存じます。

（3） カバーレターの例

キャビン・アテンダントと経営コンサルタント用に、レジュメプロが作成代行した、カバーレターの本文と和訳（固有名詞などは仮名を使用）の縮小版を、例として次に載せます。これまでに述べた、魅力的なカバーレター作成のポイントを思い出しながら、読んでください。

実際には本文に加えて、ビジネスレターとしての次のような要素を含めます。

- 返信用アドレスと日付
- 相手の宛名と住所
- 件名
- 日本での拝啓に当たる Salutation （米国系の場合は、Dear Mr. Smith: と、コロンを使い、英国系の場合は、Dear Mr. Smile, とカンマを使用）
- 敬具に当たるクロージング（米国系の場合は Sincerely yours, などを、英国系の場合は、Yours faithfully, などを使用）
- 署名、姓名
- 同封物表示（Enclosure）

相手の宛先には特に注意を払ってください。相手の部署、できれば相手の名前と肩書きも調べ、綴りも間違いのないように確認してください。次頁に掲載したカバーレターのフォーマットの例を参考に、Ａ４一枚に簡潔にまとめてください。

◎ カバーレターのフォーマット

```
                                    返信用アドレス xxxxxxxxxxxxxx
                                                 xxxxxxxxxxxx
                                                 xxxxxxxxx
                                    日付         xxxxxxxxx
    xxxxxxxxxxxxx      宛名
    xxxxxxxxxxxxxxxx
                           xxxxxxx  件名  xxxxxxx

    xxxxxxxxxxxx         拝啓
                                    本文
    xxxxxxxxxxxxxxxxxxxxxxxxxxxxxxxxxxxxxxxxxxxxxxxxxxxxxxx
    xxxxxxxxxxxxxxxxxxxxxxxxxxxxxxxxxxxxxxxxxxxxxxxxxxxxxxx
    xxxxxxxxxxxxxxxxxxxxxxxxxxxxxxxxx

    xxxxxxxxxxxxxxxxxxxxxxxxxxxxxxxxxxxxxxxxxxxxxxxxxxxxxxx
    xxxxxxxxxxxxxxxxxxxxxxxxxxxxxxxxxxxxxxxxxxxxxxxxxxxxxxx
    xxxxxxxxxxxxxxxxxxxxxxxxxxxxxxxxxxx

    xxxxxxxxxxxxxxxxxxxxxxxxxxxxxxxxxxxxxxxxxxxxxxxxxxxxxxx
    xxxxxxxxxxxxxxxxxxxxxxxxxxxxxxxxxxxxxxxxxxxxxxxxxxxxxxx
    xxxxxxxxxxxxxxxxxxxxxxxxxxxxxxxxxxxxxxxxxx

    xxxxxxxxxxxxxxxxxxxxxxxxxxxxxxxxxxxxxxxxxxxxxxxxxxxxxxx
    xxxxxxxxxxxxxxxxxxxxxxxxxxxxxxxxxxxxxxxxxxxxx

                                    敬具  xxxxxxxxxxxx

                                    署名 xxxxxxxxxxxxxx

                                    姓名 xxxxxxxxxxxx

    xxxxxxxxxx  同封物表示
```

◎ Cabin Attendant

It would be my pleasure if you consider me as a candidate for your cabin attendant when you have an opening. I like Niles's' policy to give individual judgment and flexibility to the crew. Providing best service to passengers while maintaining integrity and interests of the airlines should be the major responsibility of cabin attendants and I believe I have appropriate qualifications.

Through 10 years of strict educational environment of a missionary school, I acquired good manners, composure, and refined way of speaking as well as basis of my beliefs. In the dormitory where students of various backgrounds lived together, I learned importance of cooperation and how to flexibly adjust to different situation. These attributes would be valuable assets as cabin attendant. I can attend passengers who demand satisfactory service while maintaining my integrity and keeping good relation with colleagues who have different cultural background.

Since graduation I have been working as sales assistant at an integrated interior goods supplier. I have successfully managed negotiation and coordination with vendors, clients and internal sections. Through dealing with various people, I have built up effective interpersonal skills.

My resume is enclosed but I would like to meet with your staff and discuss possibility of my joining your company. Would you please let me know of your convenience? You can reach me at 043-1357-1234 during weekdays after 8 p.m. Your consideration is most appreciated.

◎ キャビン・アテンダント

キャビン・アテンダントの欠員補充の際に、志願者としてご考慮いただければ幸いと存じます。私はクルーに自主判断の余地を与える、ナポリ社の方針が好きです。会社のインテグリティーと利益を維持しつつ、顧客に最善のサービスを提供することは、キャビン・アテンダントの主な責務であり、私は適切な資格を持つと思います。

ミッション・スクールでの10年間にわたる厳格な教育環境で、信念の基礎と共に、優れた作法、落ち着き、洗練された話し方を身につけました。多彩な背景の学生が同居する寮では、協調の重要性と、異なる状況への柔軟な対応を学びました。これらの特性は、キャビン・アテンダントとしての貴重な財産になると存じます。私は、自分のインテグリティーを保ち、異文化の背景を持つ同僚との好関係を維持しながら、乗客のお世話ができます。

卒業以来、総合インテリア製品のサプライヤーで、営業補佐として勤務し、供給業者・顧客および社内各部署との交渉と協調とを首尾よく行ってまいりました。また、多様な人々との折衝をとおして、効果的な対人折衝スキルを築き上げました。

レジュメを同封しておりますが、貴社のメンバーとなる可能性について、ご担当の方と直接お話し合いできればと存じます。ご都合をお知らせ願えないでしょうか？週日の午後8時以降 043-1357-XXXX にご連絡いただきたく、よろしくお願い申し上げます。

◎ Management Consultant

The task of "making strategic recommendation and supporting its implementation" which you require for a Management Consultant is the theme I have always been interested in. The "Personal Traits" required for the consultation meet my personalities. I have had keen interest in the consulting business and would like to challenge a new career. I, therefore, wish to apply for the position, enclosing relative documents.

Through my work at a major trading company I have extensive business experience. It is my behavioral pattern to conceive ideas freely and express straight opinion. I am experienced in setting up and implementing plans to achieve targets, and positively tackle new projects. I have serious interests in how top management think and act. I set up targets from their standpoint; and, accordingly, design and execute plans to achieve targets.

My major accomplishments include:
- Conceived and implemented an idea of combined shipment for cutting-down transportation cost of chemical products to Southeast Asia utilizing Internet, resulting in the cost reduction of 30%.
- Planned and set up a computerized system to improve efficiency of importing operations in Southeast Asia through close cooperation with related offices.

May I have a chance to discuss my candidacy further with you? You may reach me at 043-246-XXXX. Thank you very much for your consideration.

◎ マネジメント・コンサルタント

マネジメント・コンサルタントに対して貴社が求められる「経営戦略の提言と実施支援」という課題は、私が常に関心を抱いてきたテーマです。コンサルテーションに求められる「資質」は、私の性格に合っております。私はコンサルティング・ビジネスに強い関心を持ち、新たなキャリアに挑戦したいと存じますので、関係書類を同封して、応募させていただきます。

大手商社勤務を通して、私は豊富な経験を積んでおります。自由に発想し、率直な意見を述べるのが、私の行動パターンです。計画を策定、実行して目標を達成し、新規プロジェクトに取り組むことにたけております。最高経営者がどのように考え行動するか、ということに真剣な関心をもち、最高幹部の視点から目標を設定して、その線に沿って計画を策定、実行し、目標を達成しております。

主な業績には次のようなものがあります。
- 東南アジア向け化学品の船積みコスト削減のために、インターネットを活用した積み合わせのアイディアを発案、実施して、コストを30％削減。
- 関連諸事務所との緊密な協調により、東南アジアでの輸入業務の効率化のためのコンピューターシステムを計画、実施。

求職資格について更にお話し合いの機会を賜りたく、043-246-XXXXにご連絡いただきますよう、よろしくお願い申し上げます。

（4） 参考図書

カバーレターの作成について、より詳しく知りたい方は、次の書物をご参照ください。

「英文履歴書のカバーレター*Resume Cover Letter*」 税務経理協会
著者：寺澤　惠
2000年初版
定価：1,404円（税込）（2016年3月現在）

- カバーレターの作成方法についての詳しい解説
- 全文の文例と、構成部分の文例を多数掲載。

第4章

エッセイの解説

《この章の要約》

　エッセイは留学する際に必要な書類です。レジュメや成績からは知ることが難しい大学院で学ぶ目的・キャリアゴール・資質などについて書きます。　選考委員会の印象に残り、「なぜあなたが選ばれるべきか」を説得できる文章を書くためのポイントを解説します。大学院のホームページに掲載されている出願要項から、エッセイの課題をいくつか抜粋して紹介するほか、無事合格を果たした出願者のエッセイの例文も掲載しましたので、参考にしてください。

（1） エッセイ (Essay) とは

　大学院などに出願する際に要求される書類の一つに、エッセイがあります。大学院によっては、Harvard Law School のように Personal Statement と表現するケースもあります。

　出願する大学院・学部により、異なった質問事項が出されますが、「なぜ、特定の大学院で学びたいのか、その大学院で学ぶことが、将来のキャリアゴールにどのように役立つのか、大学院で学ぶにふさわしい資質を持っているか」というような問いかけは、大学院に共通です。

　与えられた課題について、読み手の印象に残る面白く簡潔な文章を書く必要があります。あなたと同等の経験・成績・資格を持った数多くの受験者の中から**「なぜほかの人ではなく、あなたが選ばれるべきか」**を、定められた語数以内で選考委員会に説得しなければならないからです。

◎　エッセイの役割

　エッセイは、あなたがクラスに貢献し、卒業後も、大学院の評価を高める活躍をする人物であるかどうかを判断する材料の一つとして、使われます。選考の判断基準としてインタビューを実施しない大学院の場合には、エッセイが**「あなたがユニークな個人であることを、あなた自身の言葉で伝える唯一の手段」**となるのです。

　主な大学院は、エッセイについて次のように記述しています。
（　□内の記述が、引用箇所　）

第4章 エッセイの解説

◇ Harvard Law School の例

> The personal statement provides an opportunity for you to present yourself, your background, your ideas, and your qualifications to the Admissions Committee.

　パーソナル・ステートメントは、あなたがあなた自身について、そして、あなたのバックグラウンドや考えや資格について入学審査委員会に伝える機会を提供します。

> In many instances, applicants have used the personal statement to provide more context on how their experiences and strengths could make them valuable contributors to the Harvard and legal communities, to illuminate their intellectual background and interests, or to clarify or elaborate on other information in their application.

　多くの場合、出願者たちは、自らの経験と強みを活用することにより、どのようにハーバードと法曹界に対して価値をもたらす貢献者になり得るかについて、より多くの背景となる情報を提供したり、また、彼らの知的なバックグラウンドと関心事項に光を当てたり、出願書類の中の他の情報をより明確にしたり詳細を述べたりするために、パーソナル・ステートメントを使っています。

◇ Massachusetts Institute of Technology Sloan School of Management（以下 MIT Sloan）の例

> We are interested in learning more about how you work, think, and act.

私たちは、あなたがどのように働き、考え、行動するかについて、より多くを知ることに関心があります。

◇ Stanford University – Graduate School of Business の例

> Essays help us learn about who you are rather than solely what you have done. Other parts of the application give insight to your academic and professional accomplishments; the essays reveal the person behind those achievements.

エッセイは、単にあなたがこれまでにしてきたことよりむしろ、あなたがどういう人なのかを私たちが知る手助けとなります。他の提出物により、あなたの学業や職歴上の実績について、私たちは洞察を得ることができます。エッセイは、実績をあげてきたあなたという人物を明らかにしてくれます。

エッセイでは、「**レジュメなどでは語ることができない点を伝える**」ことに**注力**し、他の出願者との差異化を狙ってください。

（2） エッセイ作成のポイント

◎ 出願書類の一要素であることを認識する

　出願に当たり提出する数多くの書類が、「出願者」であるあなたを総合的に描ききっていることが大事です。**各書類が重要な役割をもち、新しい事実を伝え、ほかの書類を補完し、強調する役割を果たし、整合性を持つべきです。**

　ほかの書類で書いてあることに反するような内容や、単なる繰り返しは避けねばなりません。エッセイを書く際には、ほかの書類に記載したことを、改めて整理してみるとよいでしょう。

◎ それぞれの出願先に合ったエッセイを作成する

　たとえ同様の課題が提示されていたとしても、同じエッセイを、複数校に提出するのは得策ではありません。なぜなら、それぞれの教育機関は異なった指導方針と学科と教授陣を持ち、求める学生像も異なるからです。

　カバーレターを書く際に、求職先について調べ、おのおのに対して、カスタマイズされたレターを書いたように、インターネットなどを通じて出願先のホームページを詳しく調べましょう。**Admissions criteria**（入学判断基準）には、特定の教育機関が求める人物像が記載されています。どのプログラムが、どのような教授によって指導されているのかを知ることは不可欠です。できれば、知り合いの卒業生や学生からも情報を収集しましょう。

Stanford University – Graduate School of Business のウエブサイトには、**Get to Know Us**（私達のことを知ってください）という項目があり、大学を知る方法として、入学関連のイベントへの参加と、イベントへの案内や最新の情報等を受けとることができる **Stay in Touch Form**（連絡を取り合うためのフォーマット）への記入を呼びかけています。

特定の大学院に対する熱い思いと理由を伝えるためにも、相手先のことを十分に調べることが大事です。**その大学院があなたにとって特別な魅力があることを伝える**のです。指導を受けたい教授の名前を書き、その教授の下で学ぶことが、あなたの将来のゴールにどのように役立つかを関連付けることができれば、説得力が増します。

◎ 関連性のあるキャリアゴールを明記する

大学院で学ぶことと関連性のある、実現可能で現実的なゴールを明記してください。夢は語ってもよいですが、現実から離れすぎて信憑性がなくなってはいけません。

◇ Columbia University – Graduate School of Journalism の例

> You seek a life that is fast-paced and exciting. You are curious, open-minded, and like to write. Your engagement with the world makes you determined to live on the front lines and make a difference. If journalism is your calling, answer it at Columbia.

第4章　エッセイの解説　73

あなたはペースが早く、刺激的な人生を求めています。あなたは好奇心が強く、偏見が無く、書くことが好きです。あなたは世界の最前線で生き、世界に変化をもたらしていくことを決意しています。もしジャーナリズムがあなたの天職であるならば、コロンビア大学でそれを実現してください。

ジャーナリズムを選ぶ目的を深く問いかけることにより、ジャーナリズムに対する強いコミットメントを持つ学生を求めていることがわかります。さらに、以下の一連の文が示すように、出願時点で既に、ジャーナリストとしてのキャリアゴールを考えさせています。

> Choose your path.
> Do you want to be a broadcast journalist?
> Do you want to be a data journalist?
> Do you want to be an international reporter?
> Do you want to be an investigative journalist?
> Do you want to be a magazine writer ?

あなたがこれから進む道を選んでください。
放送ジャーナリストになりたいですか。
データを扱うジャーナリストになりたいですか。
国際的なレポーターになりたいですか。
調査ジャーナリストになりたいですか。
雑誌記者になりたいですか。

◎ 誠実に書く

Stanford University – Graduate School of Business のホームページには、"The most impressive essays are the most authentic."（最も印象的なエッセイは、最もオーセンティックな―信ぴょう性のある―ものです。）と記載されています。言い換えると、あなた自身を最も忠実に描写したエッセイを書くことを求めています。

具体的な Essay Questions の中でも、"In each essay, we want to hear your genuine voice. Write from the heart, and illustrate how a person, situation, or event has influenced you."（各エッセイでは、あなたの本当の声を私たちは聞きたいのです。心を込めて書き、人や状況や出来事があなたにこれまでどう影響を与えてきたのかを、描写してください。）という記述が見られます。誠実さをもって、エッセイを書くようにしてください。

◎ 質問をよく理解したうえで、テーマを選ぶ

与えられた質問に的確に答えないエッセイは評価されません。「なぜ、そういった質問をしているのか」という、その背景にある意図に想いを巡らし、それを踏まえたうえで、書きましょう。

質問を理解したら、次にあなた自身について何を伝えたいのか、**明快なテーマを選び**ます。Focus（焦点）が絞りきれないエッセイは、読み手にとってわかりにくい文章になるだけでなく、読み手に与える印象も薄くなってしまいます。特に欧米では、読み手に分かりやすい文章を書くことが求められますので、注意してください。

◎ 事実やエピソードなどを注意深く選ぶ

「あなたが誰で、入学先に何を提供できるのか。何に秀でているのか」を伝えることが、エッセイの最大の目的です。そのために、**数あるエピソードなどの中から何を選び、どれに焦点を当てるか、その選択が重要**となります。あなたの「価値観」を示すからです。

数多くのエピソードなどから、テーマに合い、かつ、あなた自身を最良の形で見せるものを選んでください。自分自身の生き方を振り返る作業です。当然のことですが、自分を良く見せようと思うあまり、実際に経験していないエピソードを書いてはいけません。

◎ 抽象的な表現を避ける

あなたという個人を強烈に印象づけ、読み手の印象に残るエッセイにするために、あなた自身についてのvividな（生き生きとした）**描写をあなた自身の言葉で書いてください**。そして、選択した事実やエピソードなどについて、できる限り、具体的に書いてください。大学院によっては、「**具体的に**」ということを**太字で強調**しているところもあります。

レジュメやカバーレターの場合と同じく、**事例・エピソードや、数字を使った表現が少ないと、抽象的**な文章になってしまいます。部下がいたのなら何名指導したのか、契約を締結したのならどれぐらいの規模の契約だったのかなど、可能な限り数値化しましょう。実績については、自分が主となって行ったのか、グループとして行ったことなのか、を明確に区別します。

他の人も書けるような内容では、目立たせることができません。例えば「リーダーシップ」を問われた時に、「真のリーダーになりたい」と書くだけでは弱いです。MBAを受けたいと志望する多くの学生が「リーダー」を目指しているからです。

ほかの人達から一歩抜きんでるためには、どのような経験がきっかけで、リーダーになりたいとあなたは思ったのか、どういう人がリーダーにふさわしいと考えるのか、リーダーとしてのあなたにとって大事なものは何なのか、などについて、あなたでなければ語れないような具体的な内容や話を書いてください。

そうすることで、あなたの人間的な側面を伝えることができます。**あなたのエッセイを読んでいる人が、あなたに対して共感を覚えてくれれば成功**です。

◎ 指定された語数内と書き方で書く

レジュメや推薦状と同じく、エッセイにも、長さの指定がある場合が多いです。例えば、**Harvard Law School**は、"Please limit your statement to two pages using a minimum of 11-point font, 1-inch margins, and double spacing."（最低11ポイントのフォント、1インチのマージン（（余白））、そして、ダブルスペース（（1行あけて、2ページ以内））で書いてください。）と指定しています。ガイドラインの指示に忠実に従って書くようにしてください。

たとえ指定がなくても、だらだらと述べるのは避けるべきで、文章を吟味し**自分の意見を述べるのに本当に必要な文のみにすること**が大切です。

第4章　エッセイの解説　77

◎　すっきりと流れる文章構成にする

　本著の初版を出した2003年当時、「エッセイを通して応募者の文章力を見る」といった記述が複数の大学院の出願要項に見られました。例えば、MIT Sloanの出願要項には下記の説明文がありました。

> You will be asked to organize a persuasive presentation to show us how you think about and approach business challenges.

　　ビジネス上のチャレンジについてあなたがどのように考え取り組んでいるのかを、説得力を持って私たちに示すプレゼンテーションを組み立てることが求められます。

　以前調べたウエブサイトを今回確認したところ、文の構成についての記述はあまり見られませんでした。「当たり前」のこととして、書かれなくなったのかもしれません。しかし、文章構成は大事な点ですので、以前書かれていた例をもう一つ紹介します。Graduate School of the University of Missouri – Missouri School of Journalismの出願要項にあった説明文です。

> The graduate admissions committee will evaluate your response based on the quality of your writing and the logic, focus and clarity of your thoughts. Creativity and persuasiveness are a plus.

大学院の選考委員会は、あなたの文章の質と、あなたの思考の論理・焦点・明確さを基準にして、あなたの文章を評価します。創造力と説得力はプラス要素になります。

　使用するすべての文がテーマをサポートし、エッセイのインパクトを強める役割を果たすために、限られた語数を有効に活用します。効果的でない文章や単なる繰り返しの文章は削除し、文のつながりに注意を払って、論理的に、文が流れるように書いてください。

　行ったことや成果を単に羅列するのではなく、生き生きとした力強い文章を書き、読み手を飽きさせないよう、文の長さや単語を変えましょう。レジュメと同様に、「〜した」といったアクティブな表現が効果的です。

　また、ビジネスレター作成の原則である **AIDA － アイーダ：第Ⅰ部 第3章（2）参照 －** の **A: Attention（注意をひく）** を参考に、大量の書類に目を通さなければならない**選考委員に、関心を持って本文を読んでもらえるような書き出しにしましょう**。本文で伝えることを効果的に予告し、期待感を持って文章を読んでもらうために、何かのシーン・引用・質問・逸話を入れるなど、読み手が思わず引き込まれるような工夫をしましょう。

　結論には、読み終わった後に「強い印象」が残るような文をもってきます。導入部で述べたテーマを繰り返して、強調してもよいでしょう。

　書きたいことをまず日本語で箇条書きにしてみるのも一案です。全体の骨組みを考え、次にパラグラフの順番を決め、各パラグラフに肉付けをした後で英語にすると、比較的書きやすいと思います。

◎ 読み手に分かりやすく書く

　読み手があなたの意図を考えねばならないような文章は避けましょう。**長時間かけてエッセイを読む時間は選考委員会のメンバーにはない**、と思った方が無難です。書き手のあなたには周知の事実でも読み手は知らないかもしれない、ということを十分に認識するべきです。専門用語を使用した場合は、用語の説明を付け、"We" や "They" といった代名詞を使った場合は、それぞれが誰を指すのかを明確にしましょう。ここでも具体性が重要です。文章が長すぎると、意味が伝わりにくくなります。なるべく短く簡潔な文書にしてください。

◎ 第三者にチェックをしてもらう

　書き終えた後、必ず、第三者にチェックをしてもらいましょう。自分で何回チェックしても、文法上の誤りや、スペルミスや誤字・脱字などを見落とす場合があります。また、前述した「読み手に分かりやすく書く」の中でも書いたように、あなたのことをほとんど知らない人でもあなたが書いた文を理解できるのか、一方で、あなたをよく知っている人があなたが書いたエッセイはあなた自身をよく表していると感じるかも、大切な確認事項です。エッセイの内容は自分自身で書かねばなりませんが、第三者に頼んでチェックしてもらうことが大切です。

　この点に関して、Stanford University – Graduate School of Business は、以下の説明文を掲載しています。

> Feel free to ask friends or family members for feedback — especially about whether the tone and voice sound like you. Your family and friends know you better than anyone. If they think the essays do not capture who you are, how you live, what you believe, and what you aspire to do, then surely we will be unable to recognize what is most distinctive about you.

エッセイの特に書き方や考えがあなた自身を表しているかどうかについて、友人や家族の方からフィードバックを自由にもらってください。あなたの家族や友人は、誰よりもあなたのことをよく知っています。もし彼らが、あなたがどういう人であるのか、あなたがどのように暮らしているのか、あなたが何を信じているのか、そしてあなたが何をしたいと希望しているのか、がエッセイの中で正しく表記されていないと感じるのならば、エッセイを通じて、あなたを最も特徴づける点を私たちが認識することは、確実にできないでしょう。

最後に、「エッセイの内容は自分自身で書かねばならない」ことを繰り返し述べておきます。Stanford University – Graduate School of Business のウエブサイトにも、「第三者にチェックをしてもらう」という記述に続いて、誰か代わりの人に書いてもらった場合、denial of your application or withdrawal of your offer of admission（出願の受け取り拒否や入学許可の無効)になるという注意書きがあります。

（3）大学院の願書に見るエッセイ

　次に、大学院の願書要項に記載されている質問事項や注意点を、具体的に見てみましょう。(参考にしたホームページのURLアドレスの一覧を、本書の最終ページ「参考資料」に掲載しています)。

◎　Stanford University – Graduate School of Business の例

【エッセイA】

　出願者の価値観と、その価値観を形作ってきた経験や学びについての質問です。

> What matters most to you, and why?

　あなたにとって最も重要なことは何ですか。その理由は。

> Focus on the "why" rather than the "what."

　重要なものが「何」か、ということよりも、「なぜ」それが重要なのかという理由に焦点を当てなさい。

> Do some deep self-examination, so you can genuinely illustrate who you are and how you came to be the person you are.

あなたがどんな人なのか、そして、どんな過程を経て現在のあなたが形づくられたのかを、本音で説明できるよう、しっかりと、深く考えなさい。

> Share the insights, experiences, and lessons that shaped your perspectives, rather than focusing merely on what you've done or accomplished.

あなたが行ったことや達成したことのみに焦点を当てるのではなく、むしろ、あなたの視点を形づくった洞察・経験・教訓にも言及しなさい。

> Write from the heart, and illustrate how a person, situation, or event has influenced you.

人や状況や出来事があなたにどういう影響を与えてきたのかについて、心を込めて説明しなさい。

読み手は、あなたの実績については、レジュメで知ることができます。エッセイでは、実績の背景にある考え方や価値観を見ようとしていることが、【エッセイA】のこれら一連の質問からもわかります。こういった質問に適切に答えるためには、自分自身とじっくり対話をして内省をすることを通じて、自分を動機づけている目的や理由や信念を知ることが求められます。

【エッセイ B】

　数あるビジネススクールの中でスタンフォード大学院を選ぶ理由を、直球で問う質問です。

> Why Stanford?

　なぜスタンフォードを選ぶのですか。

この質問について、次に補足説明が記述されています。

> Enlighten us on how earning your MBA at Stanford will enable you to realize your ambitions.

　スタンフォード大学院で MBA を獲得することがどのようにあなたの大志の実現を可能にするのかを教えてください。

　次に、なぜ大学院で経営を学びたいのか、なぜスタンフォード大学院で学びたいのかを質問しています。大学院の特徴を他校と比較する形でよく理解していないと、適切には答えられない質問です。

> ・Explain your decision to pursue graduate education in management.
> ・Explain the distinctive opportunities you will pursue at Stanford.

- 大学院で経営を学ぶという決断を説明しなさい。
- あなたが求めたい、スタンフォード大学院ならではの機会について説明しなさい。

◎ Graduate Division, University of California, San Diego の例

　カリフォルニア大学サンディエゴ校は、エッセイの代わりに、**Statement of purpose** という用語を使っています。志望動機説明書を意味する用語は、志望動機を詳細に知りたいという入学審査委員会の意思を表しているものと思われます。実際、サンディエゴ校のプログラムや教授が、志願者が関心を持っている研究テーマとどのように整合しているかについての記述を求めています。

> 1. How did you become interested in this field? Establish that you have had a long-term interest in the field and that you have taken positive steps in pursuing your interest. Give the committee members a sense of your particular talents and abilities and their relevance to your academic interests.

　この分野に関心を持つようになった経緯は何ですか。長い間この分野に関心を持ち続け、その関心を追及するために積極的に行動してきたことを立証しなさい。あなたの特別の才能や能力が何か、そして、それらとあなたの学問的な関心との関連性を入学審査委員会のメンバーが理解できるように書きなさい。

2. What experiences have contributed toward your preparation for further study in this field? Demonstrate your interest by providing examples of research experiences, internships, work experience, community service, publications, or life experiences. Briefly describe what you did in each experience. Also, make sure to articulate what you have learned about the field and how those lessons stimulated you to pursue an advanced degree.

この分野での研究をさらに進めるにあたり、これまでに役立った経験は何ですか。研究・インターンシップ・仕事・コミュニティサービス・出版・人生での経験の事例を示しなさい。それぞれの経験であなたが何をしたのかを、簡潔に説明しなさい。また、この分野について学んできたことと、学ぶことで高度な学位を取得しようと思うようになった経緯を明確に述べなさい。

3. What are your future goals? Specifically state your degree objective (Master's or Ph.D.) and specify what subdisciplines you are interested in pursuing.（中略） Let the reader know that you are planning a future career as a university professor, researcher, or consultant, or in public service or private practice (or whatever your goal happens to be).

将来の目標は何ですか。目指す学位(修士または博士号)と、関心がある特定の領域を具体的に述べなさい。(中略)大学教授・研究員・コンサルタント・公職・民間での勤務等、あなたのゴールが何であれ、将来どんなキャリアを目指しているのかを読み手に伝えなさい。

---

4. What are your research interests? Within your subdiscipline, you should be able to identify one or two topics that are of interest to you. When possible, be specific about your research agenda. Remember that you will be working with professors in research; therefore, your research interests should parallel those of the faculty. (You will usually not be expected to know exactly what you want to research; faculty know that initial interests often change.)

興味のある研究テーマは何ですか。学問分野の中で、関心のあるトピックを一つまたは二つ特定することができるはずです。可能な場合は、研究課題について具体的に述べなさい。その研究を実際に行っている教授と共に研究することになるので、あなたの選ぶ研究対象は、教員の研究対象に沿っている必要があります。(研究したいものを現時点で正確に分かっている必要は、通常ありません。初期の関心がしばしば変更されることを教員は分かっています。)

> 5. How are you a "match" for the program to which you are applying? Explain what attracts you most to the institution/ program to which you are applying. Align your research interests with those of one or more of the affiliated professors. The better the "match" with the program/ professors, the better the chance that you will be admitted

出願先のプログラムに、あなた自身はどのように合致していますか。出願先の機関/プログラムの何に最も魅力を感じているのかを説明しなさい。大学院に所属している一人の教授、あるいは複数の教授の研究領域に、あなたの研究領域を合わせなさい。あなたの研究領域がプログラムや教授の研究領域と「合って」いればいるほど、入学を許可されるチャンスが高まります。

一方、ハーバード・ビジネス・スクールのように、詳細の指示を出さずに、単に、ハーバード・ビジネス・スクールで初日に出会う90名のクラスメートに自分を紹介するエッセイを書くよう、求めているところもあります。エッセイを書くに当たり、決められた構造が提示されていないので、自分自身をより良く分かってもらうために、何をどういう視点から書けばいいのか、熟考が求められます。

次に、イギリスの例も二つ見てみましょう。最初にご覧いただくのが、オックスフォード大学のサイード・ビジネススクール、次がケンブリッジ・ジャッジ・ビジネス・スクールの必須課題です。

◎ Oxford University – Saïd Business School の例

> How do you fit with Oxford Saïd's mission?

あなたは、オックスフォード大学サイードのミッションにどのように合致していますか。

ミッションの重要性が最近よく言われるようになっています。その観点からも、この問いは、ビジネススクールのミッションを理解し、それを体現できる学生に来てもらうために効果的だと感じます。

> Is there anything not covered in the application form which you would like the Admissions Committee to know about you?
> (Maximum 250 words)

入学審査委員会に知ってもらいたい事項で、志願書に記載されていない点はありますか。　（最大 250 ワード）

◎ University of Cambridge – Judge Business School の例

> 1. What did you learn from your most spectacular failure?
> (200 words)

1. これまでに経験した中で、最も途方もなかった大失敗から何を学びましたか。（200 ワード）

失敗自体は誰でもすることであり、むしろそこから何を学び取ることができるのか、を重視していることがわかります。Most spectacular failure（最も途方もなかった大失敗）というインパクトがある表現を使っている点も面白いです。

> 2. What are your short and long term career objectives? What skills/characteristics do you already have that will help you to achieve them? What do you hope to gain from the degree and how do you feel it will help you achieve the career objectives you have? (please do not exceed 500 words)

2.あなたの短期的および長期的なキャリア目標は何ですか。それらを達成するために役立つどのようなスキルや特性を持っていますか。MBAを取得することにより、何を得たいと願っていますか。あなたが目指しているキャリアの目標を達成するために、MBAを取得することが、どのように役立つと感じていますか。(500ワードを超えないようにしてください)

大学院で学ぶことが、職業上の抱負を実現するために、どのように役立つのか、というこの問いに答えるためには、大学院の指導方針や教授の指導課目などについて調べ、それらが自分のキャリアゴールに与える影響について、じっくりと考えることが必要となります。

（4） エッセイの例

　実際にロースクール出願の際に使用され、無事入学を果たすのに一役かったエッセイの例と和訳を次に紹介します。「なぜロースクールで学び、将来、弁護士としての道を歩みたいのか、どのような面でロースクールに貢献できるのか」という質問に対する回答を示したエッセイです。分かりやすいように、段落をさらに分けて、それぞれに和訳を入れました。

◎ 弁護士志望者のエッセイ

> I am acquainted with many applicants to law school who hold an idealized vision of what it means to be an attorney. The mundane day-to-day law office activities, including billing and collecting, are far removed from the dramatic and romanticized image they have absorbed from films such as "The Verdict" and television productions such as "L.A. Law."

弁護士になるということがどういうことを意味するのか、ということについて、理想化したビジョンを持っている多くのロースクールを志願している人達と、私は面識があります。請求と集金を含む、日々の法律事務所での平凡な業務の活動は、「評決」などの映画や、「エル・エイ・ロー」などのテレビ番組から彼らが得た、劇的でロマンチックな弁護士のイメージから、遠くかけ離れています。

> I have worked in a law office full-time during summer and winter breaks since 1988 and part-time during the academic year since 1990. I have dealt with clients who have often come to us in their most vulnerable state. I have summarized endless depositions for the perusal of the attorneys, and I have conducted the tedious work necessary to reach settlement or to proceed to trial.

私は1988年以降、夏季と冬季の休暇中、法律事務所にてフルタイムで働き、そして、1990年以降は、学期中法律事務所でパートタイムで働いてきています。私はしばしば、感情的に最も傷つきやすい弱い状態で私達の事務所を訪ねてきた顧客と接してきました。また、弁護士が精読するための無数の宣誓供述書を要約してきました。そして、和解に至るためや裁判に進むために必要な、退屈な仕事を行ってきました。

I have also shared the attorneys' sense of satisfaction and excitement as their principal law clerk in such precedent setting cases as the relation between police use of radar guns and officer cancer rates. In short, the practical experience I have accumulated has reinforced my desire to attend law school and to become an attorney.

私はまた、警察官がレーダー銃を使用することと、それが彼らの発癌率にどう関係するのかについてなど、先例を作るような数々のケースに関わった弁護士たちがその仕事を通じて得た満足感と興奮を、彼らの主席法律事務員として、共有したことがあります。手短に言えば、私が積み上げてきた実務上の経験は、ロースクールで学び弁護士になりたいという私の熱意を強化したのです。

While my academic record is good, but not exceptional, it does reflect my ability to learn, to retain information, and to utilize it. Because I was interested in both law and business, and in particular accounting, I decided to attend Northeastern University in Boston, Massachusetts because of its East Coast location and its emphasis on the combination of rigorous academics and practical working experience.

私の学業上の成績は特に優れてはいませんが、良好なレベルにあり、私の学習能力および情報を保持し活用する能力を反映しています。法律とビジネスの両方、特に会計に興味を持っていたので、マサチューセッツ州ボストンにあるノースイースターン大学に入学することを決めました。東海岸に立地しているという点と、厳しい学問の追求と実務の経験に重点を置いている、という点が魅力的だったからです。

After working at Boston's Met Life, I discovered that the business major was not personally fulfilling. Because I had so enjoyed my Political Science classes at Northeastern University, I returned to the West Coast, completed the prerequisites for the Political Science major at Los Angeles Pierce College, transferred to California State University at Northridge, and increased my working hours at the law office of Sweeney and Pafundi in order to test my commitment to law as a profession.

ボストンのメットライフ社で働いた後、ビジネスを主専攻とすることは、自分にとっては充実感が無いことだと悟りました。私はノースイースターン大学での政治学の授業をとても楽しんでいたので、西海岸に戻り、ロサンジェルスピアース大学で、政治学を専攻するために必要な前提条件を修了し、ノースリッジのカリフォルニア州立大学に転校しました。そして職業としての法律に対する私のコミットメントを試すために、スイーニーとパフンディの法律事務所での勤務時間を増やしました。

> Political Science has helped me to conceptualize the relationship between law, politics, society, and the concept of legitimacy. Lawyers are crucial intermediaries between the public and institutions. Without an educated, skilled and dedicated professional body of lawyers, the public's faith cannot be maintained in our society's increasingly complex institutional framework.

法律・政治・社会、および正当性という概念の間の関係を私が概念化するのに、政治学は役立ってきました。法律家は、一般市民と社会制度の間の媒介者として極めて重要です。教育を積んだ、スキルのある、献身的な法律家のプロ集団なしでは、ますます複雑になっていく社会制度の枠組みの中で、一般人民の信念が維持されることは不可能です。

第4章 エッセイの解説　95

> Each lawyer, regardless of specialty, plays a role in strengthening civil society. The current scapegoating of attorneys highly litigious nature for society's problems is, I believe, a reflection of the profession's importance in maintaining social and economic conflicts within an institutional framework

　その専門分野が何であれ、各弁護士は市民社会を強化する役割を担います。弁護士は社会の問題に対し訴訟好きだと、現在、非難されていることは、社会制度の枠組みの中で、社会的かつ経済的な紛争を維持していく上で、弁護士が重要な職業であるということを反映していると、私は考えています。

> I will bring to law school a conceptual understanding of the importance of the legal profession in the preservation of civil society, and a realistic, practical and mature understanding of the day-to-day activities of a lawyer and a law office.

　法律に関する職業が市民社会の維持において持つ重要性についての概念的な理解と、弁護士および法律事務所の日々の活動についての現実的・実践的で深い理解を、私はロースクールにもたらします。

第Ⅱ部

英文推薦状
(Recommendation Letter)

第1章

英文推薦状の解説

《この章の要約》

　米国の大学院などに留学する際や、そのほかの教育機関への出願や転職、奨学金をもらう際にも必要となることがある英文推薦状は、第Ⅰ部で解説した書類と異なり、指導教授や職場の上司・同僚といった第三者が志願者について書くレターです。推薦状を書いてもらう人を選ぶ際に注意すべき点と、説得力のある英文推薦状を作成するポイントについて解説します。また大学院のホームページに掲載されている出願要項から、参考となる課題を紹介します。

（1） 英文推薦状とは

　米国の大学院などに出願する際、指導教授や職場の上司・同僚からの英文推薦状が必要です。そのほかの教育機関への出願・転職や奨学金をもらう際にも必要となる場合があります。英文推薦状は、英語では**Letter of Recommendation**や**Recommendation Letter**と呼ばれます。「信用紹介先」という意味合いが強い**Letter of Reference**や**Reference Letter**と呼ばれることもあります。

　選考委員会は志願者の対人関係対処能力・業績・将来性・創造性・知的能力などについての評価を another person's perspective（第三者の観点）に求めます。英文推薦状は、文章の質よりも、内容がより重視されるレターです。

◎　英文推薦状の役割

　推薦状は選考に当たり重要な評価の対象となります。これまでに本著で解説してきたレジュメ・カバーレター・エッセイは、すべて志願者自らが書くものであったのに対し、**推薦状のみが、第三者による客観的な評価を選考委員会に与え、志願者が主張することに新たな視点を提供し、あるいは補足する役割を果たす**からです。**他者との比較に基づいて評価を下す点も、特徴**的です。

　主な大学院のホームページの中で、推薦状の役割をどのように表現しているのかをまず見てみましょう。

◇ Stanford Graduate School of Business の例

　志願者の言動・影響力・および資質を定性的に描写できる推薦状は、志願者のリーダーシップの可能性を評価するに当たり不可欠である、と志願者に伝えています。また、推薦者に対するアドバイスの中でも、選考過程における推薦状の重要性について述べています。

> You are our opportunity to get an objective opinion about the impact that this candidate has had on your organization and on other people. You can tell us how they have accomplished their goals — not just what they've done — because you've been there watching them.
> And, lastly, you can tell us how other people respond to their leadership style.

　私達はあなたを通じて、志願者があなたの組織と人々に与えた影響についての客観的な意見を知る機会を、得ることができます。あなたは、志願者が何を達成したのかということだけでなく、目標をどのように達成してきたのかということを、私たちに伝えることができます。なぜなら、あなたはずっと、志願者を観察してきているからです。
　また、あなたは、志願者のリーダーシップ・スタイルに対する他の人の反応について、伝えることができるのです。

　次に、推薦状の役割を簡潔に提示している例を紹介します。

◇ UCLA　Anderson School of Management の例

> The recommendations provide us with third-party confirmation and insights into your achievements

　推薦状は、あなたの実績について、第三者による確証と洞察を私たちに提供してくれます。

（２）　英文推薦状作成のポイント

◎　推薦者を注意深く選ぶ

　誰に推薦状を書いてもらうか、この選択は極めて重要です。役職が高い人や有名な人に書いてもらうと選考委員会が良い印象を持つ、と考える方がいるかもしれません。あなたのことをよく知っている方で、共有できるトピックが豊富であれば、もちろん、構いません。
　しかし、もしそうではなく、あなたについて一般的なコメントしかできない場合は、肩書きや有名か否かにとらわれず、**あなたについて、できる限り好意的、具体的かつ効果的に焦点を絞った文章を書ける人を探しましょう**。もちろん、選考委員会が「信用するにたる人物」と判断できる人である必要はあります。**次の条件を満たす人が推薦者として望ましいです**。

- 一緒に密接に仕事を行った経験があり、あなたの職業上や学業面での実力や性格・価値観・資質を良く知っている。

- あなたに好意を持ち、あなたが現在の仕事に秀でていると感じてくれている。
- 適切な文章作成能力があり、あなたが伝えたい成果などについて、具体的に、熱意を持って明確に書いてくれる。

あなたをよく知っている人が、あなたについての具体的なエピソードを書くことで、選考委員会のメンバーの印象に残る、効果的な推薦状を作成することができます。あなたを応援してくれる人が熱意を込めて一生懸命に書いた文章は、読み手の心に響きます。

推薦者の選び方について、3箇所の大学院がそれぞれどのようにコメントしているかを見てみましょう。

◇ Harvard Business School の例

> Use your best judgment on who you decide to ask - there is no set formula for who should be your recommenders. We know it is not always possible to have a direct supervisor write your recommendation – we would not want you to jeopardize your current position for the application process. Look at the questions we are asking recommenders to complete. Find people who know you well enough to answer them. This can be a former supervisor, a colleague, someone you collaborate on an activity outside of work. How well a person knows you should take priority over level of seniority or HBS alumni status.

誰に推薦状を依頼するのかを決めるにあたっては、最善の判断をしてください。あなたの推薦者が誰でなければならないのか、定められた公式はありません。直属の上司に推薦状を書いてもらうことが、必ずしも可能でないことを私たちは知っています。出願プロセスの中で、あなたの現在の地位を危うくするようなことを、私たちは望んでいません。推薦者に回答を依頼している質問を見てください。あなたを十分に知っており、質問に答えることができる人を見つけてください。元上司・同僚、または、仕事以外で一緒に活動している人でも構いません。勤続年数の長さや、大学院の卒業生としての立場よりも、あなたが依頼したい人が、どれだけあなたのことを知っているのかということを、優先すべきです。

◇ Stanford Graduate School of Business の例

> We are impressed by what a reference letter says, not by the title of the individual who wrote it or the writing skills of the recommender. You should choose individuals who:
> ・Know you well through significant, direct involvement with you within the last three years.
> ・Will provide detailed anecdotes and examples to support their assertions.
> ・Are truly enthused to write a recommendation for you and will spend sufficient time writing a thoughtful letter.

推薦者の肩書や文章を書くスキルではなく、推薦状に書かれている内容に、私たちは深く印象付けられます。従って、下記の条件を充たす人を推薦者として、選択すべきです。

- あなたと直近3年以内に、重要で直接的な関与を持っており、あなたのことをよく知っている。
- 推薦者としての主張を裏付けるための詳細な逸話と例を提供できる。
- あなたのために推薦状を書くことに非常に熱心で、思慮深い推薦状を書くために、十分な時間を費やしてくれる。

◇ UCLA Anderson School of Management の例

- Your recommenders' own titles or positions are not important – instead, their ability to comment knowledgeably and specifically about you is vital.
- Letters from contacts (including alumni) who do not know you well cannot add value like direct supervisors can.

- 推薦者自身の肩書きや地位は、重要ではありません。その代わり、あなたについて豊富な知識を持ち、具体的にコメントすることができる能力は必須です。
- あなたをよく知らない人からの推薦状（大学院の卒業生を含む）は、あなたの直属の上司と同じようなレベルでは、推薦状に価値を付加することはできません。

◎ 指定された職業の人を推薦者に選ぶ

　必要とする推薦状の数や推薦者の資格は、大学院によって異なります。数は、2通から3通が一般的です。リーダーシップやビジネス上のスキルを重んじるMBAでは、あなたが一番身近に接している存在であり、あなたの資質や職業上の実績について、最も適切に言及できると期待できる職場の上司による推薦状を必須条件として挙げることが多いです。一方、Columbia Journalism Schoolのように、研究を重視する学部の場合は、指導を受けた教授にも、推薦状を書いてもらうことを要求する場合が多いです。

◇ Stanford Graduate School of Business の例

> We request two letters of reference:
> ・One reference from your current direct supervisor (or next best alternative) at work
> ・Your choice of either one additional supervisor reference or one peer reference

　推薦状は2通必要です。
　・職場での現在の直属の上司からの推薦状（もしくは次善の候補となる職場の方）
　・別の上司からの推薦状、または同僚からの推薦状のいずれかを選択

2通目を職場の方に書いてもらうことが、あなたの潜在的な影響力について記述するという目的に適さない場合は、職場以外の知り合いを推薦者として選んでも良いとしています。

◎ 推薦者に十分な情報を提供する

　推薦状は、あなたが提出するほかの書類を第三者の観点から補強し、「あなたという人物像」を選考委員会に提示するためのものです。従って、**レジュメやエッセイなどに記載した内容を、推薦者に知らせ**、整合性を取ってもらうようにしなければなりません。実際に会って、あなたの留学にかける熱意や将来の目標を伝えると、より効果的です。締切りの日程も忘れずに伝えましょう。作成してもらったら、早めに礼状を送ることも、大切なビジネスマナーです。

◎ 所定の言語・長さ・レイアウト形式で提出してもらう

◇ Stanford Graduate School of Business の例

> Your letter of reference should be submitted in English. If you think your English is not sufficient to convey complex ideas, write the letter in your native language, and then have it translated into English. A friend, a colleague, or a paid service may translate the document, but the applicant or the applicant's friend or family member may not.

推薦状は、英語で提出されないといけません。複雑なアイディアを伝えるには英語力が十分でないと考える場合は、母国語で書き、それを英語に翻訳してもらってください。推薦者自身の友人や同僚に翻訳してもらったり、有料の翻訳サービスを使ったりしても構いませんが、志願者本人や、志願者の友人や家族に翻訳してもらってはいけません。

志願者に有利になるような表現を選択してしまうリスクのある翻訳者を避け、推薦者自身の意見をできるだけ忠実に反映した推薦状にするための工夫が、見られます。

・No longer than three pages
・Double-spaced

・3ページ以内
・1行あける

推薦状は通常、推薦者の勤務先の**大学名や会社名および所在地**などが印刷された official letterhead（**正式な手紙用紙**）に**記載**します。それを、オンラインシステム上で、推薦者が直接大学院に提出する仕組みを、複数の大学院が使っています。「オンラインシステム上で、推薦状の提出は完了されなければならない。紙は受け付けない」と出願要項に明記している大学院もありますので、注意が必要です。この仕組みでは、志願者は、推薦者の連絡先等を、オンラインシステム上で最初に登録します。

第 1 章　英文推薦状の解説　109

◎　構成に注意して具体的に書いてもらう

　書き方よりも、内容の方が重視されるとはいえ、レターとしての構成がばらばらでは、読み手に与える印象が悪くなってしまいます。個別の質問が投げかけられている場合であっても、個々の質問に答えた後、文全体の構成を最後に確認してもらうようにしましょう。
　導入部分では、"I am honored to recommend Mr. Ogawa."（小川氏を推薦することを光栄に思う。）といったような文を書き、それに続けて、「推薦する人をどれぐらいの期間、どれぐらい密接に知っていたか」について、述べてもらいます。例えば、

> I have known Atsushi Ogawa for three and a half years as his direct supervisor in my role as General Manager of the Marketing Department. We worked on a number of important projects together that required long working hours and frequent communication.

　私はマーケティング部の部長の職責で3年半、小川篤の直属の上司として、彼と接する立場にいました。私達は、数多くの重要なプロジェクトで、長時間、多くのコミュニケーションを取りながら、一緒に働きました。

　次に、本文の中で、志願者の資質などについて具体的な事例を挙げながら記述します。志願者が出願先の大学院で学ぶことが重要だ

と考える理由、志願者が大学院に貢献できると思う点、そして、将来志願者に期待できる点などを書きます。そして、結論で強調したい点を再度述べ、文末には署名をします。実際の構成例については、「第2章　英文推薦状の例」をご参照ください。

◎　効果的な推薦状を書くためのアドバイス

　Stanford Graduate School of Business は、推薦者に対し、効果的な推薦状を書くためのアドバイスを提供しています。選考委員のメンバーに対して実施されたインタビュー記録から、参考になる点を抜粋してご紹介します。

<u>推薦状を依頼されることの名誉と、それに伴う重大な責任について</u>

> If you think about the responsibility piece of it, writing a recommendation really takes time, effort, and enthusiasm for the candidate — and I actually want to counsel all recommenders out there — if they don't feel that they have that, to speak candidly to the candidate.

　推薦状を書くことに伴う責任について、考えてみてください。推薦状を書くという行為は、志願者のために、本当に多くの時間と労力と熱意を注ぐことを、意味します。従って、それができないと感じる全ての推薦者に対して、私は、そのことについて率直に、志願者と話をするよう、助言します。

> On the flip side, it really is an honor to be asked to write a recommendation, whether you're the supervisor or peer. You've likely been in the trenches with this applicant, you've seen them try to deliver for your organization. What a wonderful opportunity to be able to give them a thank you and help them on their own personal journey.

その一方で、志願者の上司であれ同僚であれ、推薦状を依頼されることは、本当に名誉なことです。恐らく、あなたは志願者と共に、困難な状況の真っただ中にいたことがあったのでしょう。そして、志願者が組織に対して貢献しようと努力していた様子を見てきたのでしょう。推薦状を書くということは、志願者に対し感謝を伝え、志願者が、自分自身の人生の旅を歩む過程で支援ができる、とても素晴らしい機会です。

> All of us can look back on life and identify the special people who have helped us along the way. Even when I reflect on going through my own application process, I still remember the people I asked to be my recommenders; and as our paths continue to cross I will always have that special feeling that they helped me to get where I am today.

私たちは誰でも、人生を振り返った時、その過程で、自分を支援してくれた特別な人々を特定することができます。私自身も、大学院に出願した際に私の推薦者になって欲しいと依頼した人々のことを、いまだに覚えています。その後も彼らとの接点を持ち続ける中で、私が今日こうしていられるのは、彼らが支援してくれたおかげであるという特別な感情を持ち続けてきました。

<u>効果的な推薦状の差異化ポイントについて</u>

> There are four tips that I came up with. The first step, I have to tell you, is to start with an honest perspective. （中略） Well, when you think about this candidate, give us some insight into where this candidate has grown. Give us some sense of what the spikes are. What do they do phenomenally well? What are they strong at?

皆さんへの助言を4点、考えました。(推薦状を書くにあたっての)最初のステップですが、正直な視点から始めなければなりません。(中略) 志願者がどういう点で成長してきたのかについてのあなたの洞察を、私たちに与えてください。志願者の尖っている点が何であるかを、私たちが把握できるようにしてください。志願者が、著しく上手くやっている点は何ですか。志願者は、どのような強みを持っていますか。

第1章　英文推薦状の解説　113

> But also tell us issues that they've had to work on. For example, the grid where we ask you to assess the candidate's different behaviors has 10 questions. If you give the highest rating for every single question…well, that makes it really tough for us to get an accurate picture of that individual, and makes us wonder why this candidate needs an MBA.

一方で、志願者が何を改善しないといけないのかについても、私たちに教えてください。たとえば、志願者の異なる言動を評価する際に用いている１０の質問ですが、もし、全ての質問に対して、あなたが最も高い評価を与えたとしたら、その個人の正確な人物像を私たちが理解することが、本当に困難になってしまいます。そして、その志願者がなぜ、MBAを必要とするのか、私たちは不思議に感じてしまいます。

> （中略）And what happens in a recommendation where everything is good is… it loses its authenticity. You know you don't get an appreciation of what's really strong about a particular candidate if everything is described as a strength.

（中略）志願者のすべてを良いと記述している推薦状は、信憑性を失ってしまいます。もしすべてが強みとして記載されていた場合、何が本当の強みなのかを、理解することができなくなってしまいます。

> So the best feedback I can give you — and the most honest Tip — is that the more you can tell about who this candidate Is — good and bad—the more that we can see them live, 3-D, as a real person, and not just a piece of paper.

従って、私が皆さんに提供できる最善のフィードバックで、しかも、最も正直な助言は、良い点も悪い点も含めて、皆さんが志願者について、より多くのことを語るということです。それができればできる程、私たちは、志願者を紙の上だけに存在する人ではなく、実在する人物として、立体的に、生身の人間として、見ることができるようになるのです。

> The second tip that I wanted to give to you is to remember to provide the admissions committee with not just what you think about a candidate but evidence on why you think that.

私が伝えたい2つ目の助言は、入学審査委員会に対し、志願者についてどう思うのかだけでなく、なぜそのように思うのかという根拠も提供するということを覚えておくことです。

> The third tip that I wanted to share with you is to remember to tell us about how a candidate behaves. It's just as important as what they do.

私が皆さんと共有したい３つ目の助言は、志願者がどのように振る舞うのか、ということについて、忘れずに伝えるということです。志願者がどう振る舞うのかという点は、志願者が何をするのかという点と同じくらい、重要です。

The fourth tip is: Remember to tell us a little bit about the context in which an applicant has impact. A good example of this is …suppose you work in an industry someone in the admission committee might not be familiar with — give us some understanding of how things work in that particular environment.

　私が皆さんに伝えたい４つ目の助言は、志願者がどのようなコンテキスト(背景)において影響力を持つのかという点を、少し記述するということです。これについての良い例を紹介しましょう。仮にあなたが働いている業界が、入学審査委員会の誰かが知らない業界だったと想定しましょう。その場合、その環境下では物事がどのように機能するのかについて、入学審査委員会のメンバーが理解できるような情報を提供してください。

（3）　大学院の願書に見る英文推薦状

　エッセイ同様、実際に、大学院の願書要項を見てみましょう。質問中の**参考となる「アピール表現」を太字で示しました**。(参考にしたホームページの URL アドレスの一覧を、本書の最終ページ「参考資料」に掲載しています)。

　質問の中には、複数の大学院の願書要項に、共通して見られる質問があります。志願者の潜在的なリーダーシップ能力を判断するための質問で、同様な役割を担っている他者との実績比較、並びに、出願者の成長のために推薦者が投げかけたフィードバックの中身と、フィードバックに対して志願者がどう反応したのか、についての質問です。ペンシルバニア大学ウォートンスクールの願書要項から、具体的な質問例を見てみましょう。

◎ The Wharton School, The University of Pennsylvania, MBA Program の例

> How does the candidate's performance compare to those of other well-qualified individuals in similar roles?　Please provide specific examples. (300 words)

　　志願者と同様の役割を担っており、資質も同様に高い他の人たちの実績と、志願者の実績とを比較すると、どうですか。具体的な例を提供してください。(300 ワード)

> Describe the most important piece of constructive feedback you have given the applicant. Please detail the circumstances and the applicant's response. (250 words)

　志願者にこれまでに与えた最も重要で建設的な助言について、述べてください。その助言を与えた時の状況と、志願者の反応について、詳細に記述してください。（250ワード）

　ハーバードやコロンビアのビジネススクールは、上記の1つ目の質問の中で、実績に加えて、志願者の可能性・経歴・資質についても、他の人たちとの比較を求めています。ウォートンはこれら2つの質問に加えて、任意で書くことができる質問を用意しています。
　上記以外の具体的な質問を提示している大学院の例も、見てみましょう。

◎　UCLA Anderson School of Management の例

> In UCLA Anderson's school culture we **share success, drive change and think fearlessly**. Please give examples where the applicant exhibited any or all of these.

　UCLAアンダーソンには、**成功を共有し、変化を推進し、そして、大胆に考える**文化があります。志願者が、これらの要素を示した事例を教えてください。

優秀な人でも、環境に合わないと、持てる力を十分発揮できないことがあります。大学院が大事にしている文化に、志願者が適合できるかどうかを尋ねるこの質問は、その観点から効果的です。

◎ Stanford Graduate School of Business の例

　スタンフォード大学ビジネススクールは、リーダーシップを示す言動を１０個の資質に整理した表を提示し、各資質を志願者がどの程度発揮しているかという観点から、志願者を５段階評価するよう、求めています。合わせて、１０個の資質の発揮度合いを総合的に考慮した上で同輩集団内での６段階評価を、そして、これらの評価を踏まえて、大学院に「推薦しない」「条件付きで推薦する」「推薦する」の３段階で、最終評価をするよう指示をしています。１０個の資質が記載された表を見ると、「変化に適応できる力」が「変革のリーダーシップ」に変わっているなど、本著の初版を出した2003年当時に求められていた資質とは全て変わっていることがわかります。

Results Orientation	結果志向
Strategic Orientation	戦略的方向づけ
Team Leadership	チームを率いるリーダーシップ
Influence and Collaboration	影響と協調
Communicating	コミュニケーション
Information Seeking	情報検索
Developing Others	他者の育成
Change Leadership	変革のリーダーシップ
Respect for Others	他者尊重
Trustworthiness	信頼性

◎ MIT Sloan の例

> Please choose recommenders who are able to provide specific answers to the following questions:
> - How long and in what capacity have you known the applicant?
> - How does the applicant **stand out** from others in a similar capacity?
> - Please give an example of the applicant's **impact on a person, group, or organization.**
> - Please give a representative example of how the applicant interacts with other people.
> - Which of the applicant's personal or professional characteristics would you change?
> - If you are an academic/technical recommender, please tell us how well the applicant mastered the subject you taught or supervised and in what ways did the applicant demonstrate this mastery.
> - Please tell us anything else you think we should know about this applicant.

以下の質問に具体的に回答できる推薦者を選択してください。
- どのくらいの期間、また、どういう立場で、あなたは志願者と接してきましたか。
- 同様な立場の人たちと比べて、志願者は、どう**突出**していますか。

- 志願者が**個人、グループ、または組織に与えた影響**を示す例を、教えてください。
- 志願者は他の人たちとどのように接していますか。
- もし変えることができるとするならば、志願者の個人的な特徴や専門的特徴のうち、どれをあなたは変えますか。
- あなたが学術的や技術的な側面から志願者を推薦している場合、あなたが指導または監督した科目を、志願者がどれだけ良く習得したのか、そして、習得したということを、どのような方法で示したのかについて教えてください。
- この志願者について、私たちが他に知っておくべきとあなたが思うことがあれば、教えてください。

◎ The London Business School の例

> The online reference form asks the following questions:
> - How long have you known the applicant and in what connection?
> - What do you consider to be the applicant's **major talents and strengths**?
> - What do you consider to be the applicant's major weaknesses or areas for improvement?
> - In what developmental areas has the applicant changed most over time?
> - What will this individual be doing in 10 years? Why?

オンライン推薦状では、次の質問に回答することが求められています。
・どれぐらいの期間、また、どのような関係性の中で、志願者と接してきましたか。
・志願者の**主要な才能や強み**は、何だと考えていますか。
・志願者の主要な弱みや改善領域は、何だと考えていますか。
・志願者は、長期にわたる成長を、どのような領域で、最も見せてきましたか。
・この志願者は、10年後には何をしているでしょうか。そう考えるのは、なぜですか。

10年後の姿を推薦者に予測させるのは、面白い発想です。大学院の卒業生として、将来、より活躍してくれそうな志願者を選びたい、という大学院側の意図を感じます。

> It also asks you to rate the candidate on the following qualities: Intellectual or academic ability, quantitative skills, initiative/ability to take decisions, problem solving skills, organizational skills, leadership skills, team skills, impact/**charisma, self-confidence, self-motivation**, oral English communication skills, written English communication skills.

オンライン推薦状では、以下の資質に関しても、志願者を評価するよう求めています。

知的能力や学力・数量的能力・率先して決定を行う自発性や能力・問題解決能力・組織力・リーダーシップのスキル・チームをまとめて率いるスキル・影響力 / **カリスマ性・自信・自己動機づけ**・口頭での英語のコミュニケーションスキルと、英語を読んで書く際のコミュニケーションスキル。

出願要項には、推薦状の中で答えるべき質問を明記していない大学院も数多くあります。例えば、Cambridge Judge Business School・Oxford Said Business・UC Berkeley Graduate School of Journalism 等は、推薦状を書くために必要な情報は、推薦者に直接送付するとしています。できる限り、志願者からの影響を受けずに、推薦者に推薦状を書いてもらうことを狙っているのでしょう。

第2章

英文推薦状の例

《この章の要約》

　実際にロースクールやメディカルスクールなどへの受験や奨学金に出願する際に使用され、無事入学を果たすのに一役買った推薦状の例を紹介します。知人の米国UCLAの講師（博士）が作成したものです。名称には仮名を用いています。分かりやすいように、段落をさらに小段落にし、それぞれに和訳を入れました。「日付・拝啓・敬具・執筆者の署名・名前・肩書」については、紙面を有効に活用するために、最初の例文にのみ記載しています。

（1）Mr. John Lumby に対する推薦状
（ロースクール志望）

December 28, 2002
To Whom It May Concern:

2002年12月28日
関係者様

I feel honored to write a letter of recommendation for Mr. John Lumby in support of his application for law school. I met Lumby during a Santa Monica College Summer Sessions course in 1998, before he successfully transferred to UCLA.

ジョン・ランビー君がロースクールに出願するにあたり、彼のために推薦状を書くことを光栄に思います。1998年に開催されたサンタモニカ大学の夏季セッションコースで、私はランビーに会いました。その後、彼は見事にUCLAに転校を果たしました。

He was enrolled in my class, *Introduction to Cultural Anthropology,* where he stood out due to his excellent critical thinking, mastery of the material, and interest in the topic.

彼は「文化人類学入門」という私の授業を受講し、優れた批評眼のある思考能力、資料に対する熟知度、そして、課題に対する関心の高さにおいて、クラスの中で目立つ存在でした。

> He impressed me with his curiosity about other cultures, relating the information to his own life, his own community, and well beyond the boundaries of most college students. He received an 'A' in the course.

彼は、ほかの文化について強い関心を持ち、その情報を、ほとんどの大学生が持つ限界点をはるかに越えて、自分自身の人生や属する地域社会に結びつけていたことが印象に残っています。彼はその授業で「A」を取りました。

> Having been a high school dropout and familiar with criminals and the world of crime at close range, Lumby decided that if he wanted to stay out of prison, and stay alive, he needed to make a drastic change in his life.

高校を中退し、犯罪者と犯罪の世界を身近に見てきたことで、ランビーは、自分が監獄に入らないで、きちんと生き抜いていくためには、彼の人生において、劇的な変化を起こす必要があると決心しました。

> He saw his brother sent to prison. He expressed to me how dismayed he was over his brother's conviction and the lack of adequate legal representation.

彼は兄が監獄に送られるのを見ました。兄が有罪判決を受けたこと、ならびに、適切な法的陳述が不足していたことで、彼がいかに落胆したかについて私に語りました。

> Without any role models, he decided that an education was the only way out of abject poverty and crime. As he told me, he wants to pursue law "so as to never be powerless again." He is motivated by his desire to make a difference in people's lives. He demonstrates a seriousness of purpose that I rarely see in young college seniors.

目指すべきモデルとなる人がいない中で、彼は絶望的なまでの貧困と犯罪から抜け出すための唯一の手段が教育だと決心したのです。彼は私に「決して再び無力な状態にならないために」法律に従事したいと言いました。人々の人生に重要な影響を及ぼしたい、という彼の熱意が、彼を積極的にさせており、若い大学4年生にはほとんど見ることがないほどの真剣さで、目的を追求しています。

> Partly due to his age, 28, his African-American background, and his personal life history, he takes his career decision very, very seriously. Without bitterness, anger or regret, Lumby embraces life with maturity, emotional stability, responsibility and optimism.

28歳と言う年齢、アフリカ系アメリカ人という背景、そして彼の人生経験から、自分で決めたキャリア上の決定を彼はとても真剣に捉えています。反感、怒り、または後悔することなしに、ランビーは、成熟さ・感情的な安定・責任感、そして楽観主義でもって、人生を受け入れています。

> Familiar with the problems associated with inner-city schools, Lumby works as a Teacher's Assistant for the Los Angeles Unified School District [1998 to the present]. He is responsible for planning lessons, classroom teaching, supervising students, and communicating with parents.

ランビーは旧市内の過密地区にある学校の問題に精通しており、(1998年から現在まで) ロサンジェルス統合学校地域で、教師のアシスタントとして働いてきました。レッスンプランを立て、教室で教え、生徒を監督し、そして彼らの両親との連絡に責任を持っています。

As part of the school program, he works with special needs students – those with disabilities, disciplinary and behavioral problems – mostly in the poor neighborhoods of Los Angeles.

学校のプログラムの一環として、彼は身体障害者や規律と態度に問題があるなど特別な指導の必要がある学生と一緒に、ロサンジェルスの主に貧しいエリアで働いています。

He has also worked as a Japanese-English translator, spent a summer internship in Yokohama, Japan, and practices and teaches martial arts. He is fluent in spoken and written Japanese. He anticipates graduating from UCLA in 2002 with a Bachelor of Arts degree in Linguistics.

彼はまた日本語―英語の通訳として働き、夏にはインターンとして横浜で働きました。また、武道を練習し指導しています。日本語の読み書きが達者で、2002年の卒業時には、言語学での学士をUCLAから授与される予定です。

I am extremely confident that Lumby will succeed in law school, and in the legal profession. With his background in linguistics, and keen interest in other cultures, he is a likely candidate for a specialization in International Law.

ランビーが、ロースクール、そして法律関係の職業で成功することを私は強く確信しています。彼は言語学を身につけており、ほかの文化に対して鋭い関心を持っているので、国際法を専門として学ぶ志願者になり得ると思います。

His perseverance, determination, and resolve to succeed are apparent in his accomplishments. Without any doubt, he will continue to strive towards his goals.

彼の忍耐力・決意・そして成功しようという決意は、その実績において明らかです。疑いの余地無く、彼は自分で定めた目的に向かって努力を続けることでしょう。

Sincerely,

Sharman L. Babior

Sharman L. Babior, Ph.D.
Lecturer, Department of Anthropology and Women's Studies
Research Scholar, Center for the Study of Women 2002-2003

敬具
(署名)
シャーマン　エル　バビアー　博士
人類学と女性学部　講師
女性学センター　研究学者　2002年〜2003年

（2）Ms. Mary Sykes に対する推薦状
（ロースクール志望）

> It is a great pleasure to write a letter of recommendation for Ms. Mary Sykes in support of her application for law school. I met Sykes at UCLA in connection with my course, *Violence Against Women in Cross-Cultural Perspective* in Fall 1999.

　メアリ・サイクスさんが、ロースクールを受験するにあたり、彼女のために推薦状を書くことをとても嬉しく思います。私は 1999 年の秋に、**UCLA** での私の「異文化の視点から見た女性に対する暴力」という授業で彼女を指導しました。

> Sykes excels academically. She stands out from other students in terms of her strong opinions and keen debating skills. Although her views differed more than once from that of the class, she challenged our perspectives and added a stimulating dimension to class discussion.

　サイクスは学業面で非常に優れており、強い意見と鋭敏なディベートの技術において、ほかの生徒達より秀でています。彼女の考えは、ほかの生徒達と異なることが何回かありましたが、彼女は我々の視点に疑問を投げかけることで、教室での討論に刺激的な要素を加えました。

> Not only did she constantly question the premise of the course material, she expanded and clarified her own viewpoints. Her interests in women's issues and the role of student involvement led to her participation as the Director of Women's Issues for the UCLA Student Welfare Commission.

彼女は授業で使用した教材の前提条件に対して、常に質問を投げかけただけでなく、彼女自身の考え方を拡大し、明確にしていきました。女性問題と学生が関与することで果たす役割とに対して関心を抱いた彼女は、UCLA の学生福祉委員会に、女性問題のディレクターとして参加しました。

> Her Political Science background has contributed much to her numerous leadership endeavors at UCLA, including that of Undergraduate Student Body President in 2000-2001.

政治学を彼女が学んだことは、2000 年から 2001 年にかけて、勤めた学部生委員会の委員長など、UCLA で数多くのリーダーとして活躍する際に役立っています。

> Sykes has demonstrated a seriousness of purpose. She always achieves beyond expectations, exhibiting true maturity, emotional stability, responsibility and adaptability.

サイクスは彼女自身の目的に対する真剣さを示してきました。彼女は真の成熟度・感情面での安定・責任感、および適応力を示し、常に、期待される以上のことを達成します。

> As an undergraduate, she has already achieved far more than most graduate students, and is ready for the rigors of advanced academic study. She has given long and serious thought to her future in both law and politics.

学部生でありながら、彼女はほとんどの院生が通常成し遂げるレベルをはるかに越えた実績を残しており、大学院での厳しい学習に立ち向かう準備ができています。法律と政治の両分野における彼女の将来について、彼女は長い間真剣に考えてきました。

> Her quest is to take law and put it into practice in order to change society. Her personal vision of a better society is the source of her ongoing dedication and commitment.

社会を変えるために法律を実践に結びつけることを彼女は追求しています。より良い社会をつくろうという彼女のビジョンが、現在も続いている彼女の献身とコミットメントの源になっています。

> Sykes strongly believes that it only takes one person to impact an entire generation, and she envisions herself as that individual. She aspires to roles of government and leadership, with the hope of making a positive difference in the lives of all people.

一人が動くだけでも、世代全体に影響を与えることができるとサイクスは強く信じており、自分をその行動を起こすべき人として心に描いています。すべての人々の人生にプラスとなるような影響を与えたいという希望をもって、彼女は政府でリーダーとなることを切望しています。

> She is committed to studying law as part of her interests in constitutional law, government, foreign policy, international law, and communication studies.

彼女は憲法・政治・外交政策・国際法、およびコミュニケーションの研究に関心を持つ中で、その一環として法律を学ぶことにコミットしています。

> I believe that her study of law will enrich her already abundant curiosity, fervor, and energy, and help to clarify many of her personal political positions. I am extremely confident that she will be successful in pursuing legal studies, and will take what she learns and apply it to her vision of society and the world.

法律を学ぶことで、彼女が既に持っている豊富な好奇心・熱心さとエネルギーがより豊かなものになり、彼女が政治に対して持つ考えを明確にする助けになると私は信じています。彼女が法律の学習において成功を収め、そこで学んだことを、社会と世界をより良くしようという彼女のビジョンを実現するために適用することを、私は強く確信しています。

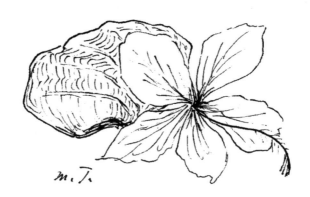

（3）Mr. Jim Lagache に対する推薦状
（メディカルスクール志望）

It is a great honor for me to write a letter of recommendation on behalf of Mr. Jim Lagache. I know Lagache from his outstanding performance in my anthropology courses, "Global Gender Systems" [Anthropology 154q], "Japan" [Anthropology 175s], and "History of Anthropology" [Anthropology 182].

ジム・ラガッシュ君のために推薦状を書くことを大変光栄に思います。ラガッシュは「グローバルな性別のシステム」（人類学154q）・「日本」（人類学175s）、および「人類学の歴史（人類学182）という私の授業で、優れた実績を残しました。

He is a motivated student with broad interests in anthropology, health, fitness, medicine, and human rights issues. As an active participant in class discussions, he is not afraid to engage in controversy and debate.

彼は人類学・健康・フィットネス・医学、そして人権に関して幅広い関心を持っており、やる気のある学生です。彼は教室の討論に積極的に参加して、論争とディベートに関与することを恐れません。

> He challenges information with a healthy degree of skepticism while expressing his own opinions. He is a thoughtful and sensitive person who demonstrates a growing maturity, focus, and responsibility as he gains more confidence and knowledge.

自分自身の意見を表現する一方で、健全な程度の懐疑的な態度で、情報の正当性に疑問を投げかけます。彼は思慮深く、かつ周りに気を配ることができる人物です。より深い自信と知識を得るに従い、成熟度を増し、明確な焦点を持って行動し、そして責任感を示してきました。

> He has been a volunteer in various capacities, both within the field of healthcare and also in community programs. Among the highlights of his recent volunteer work, are experiences at the UCLA Medical Center Pediatric ward, and at USC County Hospital Cardiology unit. He also has spent considerable time with juvenile offenders and with students with disabilities.

彼はヘルスケアの分野と、コミュニティプログラムの、両方の分野において、さまざまな立場でボランティアとして活動してきました。最近彼が関わったボランティアの仕事で注目すべきことは、UCLAの医学センター小児科棟とUSC郡病院心臓学科での経験です。また彼は、かなりの時間を、若い犯罪者と身体障害を持った学生と共に過ごしてきました。

In addition to his volunteer experiences, he works for clients as a personal fitness trainer. I can say that Lagache excels in his interactions with others, displaying empathy, compassion, concern, and genuine care.

こうした一連のボランティアとしての経験に加え、彼はパーソナル・フィットネス・トレーナーとして、顧客のために働いています。ほかの人達との接し方・共感能力・同情・関心と、真の心づかいに見られるように、ラガッシュは、ほかの人達との関わりにおいて、非常に優れています。

He always treats others with dignity and respect. I think these are among his major strengths – a true caring about others, and the ability to work with people on a personal basis.

彼は常に威厳と尊敬をもって、ほかの人々に接します。ほかの人に対する真の心遣いと、ほかの人々と個人的な基盤に立って働く能力が、彼の持つ主な強みの一部だと私は思います。

He manages to divide his time between the demands of school, work, and volunteer activities while maintaining a full academic schedule. His desire to attend medical school coincides with his interests in helping to improve the quality of people's lives.

学校・仕事、そしてボランティアのそれぞれの活動に対して、彼は時間を上手に割き、学校以外の活動に関わりながらも学業上のスケジュールは完全にこなしています。メディカルスクールに行きたいという彼の熱意は、人々の生活の質を向上させる手助けをしたいという彼の関心と一致しています。

His own personal background and experiences reinforce Lagache's interest in health and humanity. As the son of immigrants to the United States from France with ties to Nigeria, Lagache is familiar with the experience of disruption and adjustment to a new culture.

個人的な生い立ちと経験が、健康と人間に対するラガッシュの関心をより強いものにしています。フランスからアメリカに移住した両親の息子として、また、ナイジェリアとのつながりを持つ者として、新しい文化に対応する際の混乱と適応の経験をラガッシュは身近に感じています。

He has determinedly pursued his education at UCLA with perseverance, tenacity, and a resolve to excel. His genuine concern for humankind, and his vision of possibly making a difference in the lives of people less able or fortunate than himself, are the basis of his ongoing optimism and steadfastness.

忍耐強く、粘り強く、秀でたいという決意を持ち、彼はUCLAで断固とした態度で学んできました。彼が持ち続けている楽観主義と確固とした考え方のベースには、人類に対する真の関心と、能力的または経済的に、彼より恵まれない人々の人生に、できれば何か影響を与えたい、というビジョンがあります。

> He is an exceptional person in his commitments, integrity, values, and dedication. I can recommend him with the knowledge that he is an asset in any setting and will succeed in whatever he sets as his goals.

コミットメント・誠実さ・価値観と献身において、彼は非常に優れています。彼がどのような環境においても財産となり得る人物であり、目標として定めるものが何であれ、成功するであろう、という確信に基づき、私は彼を推薦します。

（4）Ms. Keiko Nagayama に対する推薦状
（異文化間コミュニケーション志望）

> It is a pleasure to write a letter of recommendation on behalf of Ms. Keiko Nagayama in support of her application for graduate studies. I met Nagayama in Winter 2000 in a course I teach at UCLA entitled History of Anthropology and subsequently in Spring 2001, in a course entitled Japan.　Nagayama impressed me with her serious examination of the course contents, and her mastery of course material.

大学院出願に必要な推薦状を永山恵子さんのために書くことは、私にとって喜びです。私が UCLA で指導している「人類学の歴史」という授業で、2000年の冬にはじめて私は永山に会いました。そして2001年の春に「日本」という授業で再び彼女を指導する機会に恵まれ、授業内容を熱心に調査し、内容を熟知する彼女の姿勢に私は印象を受けました。

> She carefully considered all lectures, reading assignments, and discussion topics in a systematic manner. As a member of the Honors Discussion section for both courses, she facilitated various class activities with thoughtfulness, relevance, and appropriate challenges to the other students.

永山は全ての授業内容について注意深く考え、研究課題をきちんと読みこなすことで、トピックについて、システマティックに論じることができました。両方の授業において彼女は、優等生で構成される討論コースのメンバーとして、その思慮深さ・妥当性と、ほかの学生に対して適切なチャレンジを投げかけることで、クラスの様々な活動を促進しました。

> As a foreign student from Japan, she is committed to pursuing a higher education and has worked extremely hard to excel in her studies. She sees her opportunity for a higher education in the United States as a great gift that typically would not be available to her in Japan.

日本人留学生として、彼女は高等教育を追求することにコミットしており、学習に秀でるよう、特に一生懸命に学びました。アメリカでの高等教育を受ける機会を、日本では通常得ることができない贈り物であると、彼女は考えています。

> Her greatest challenge is the English language. Although an excellent speaker of English, she requires more time than other students to process information. She has proven that she can succeed, with honors, academically.

彼女の最大の課題は英語です。彼女は英語を極めて上手に話しますが、情報を処理するのにほかの生徒より時間がかかります。一方、学業的には優秀な成績を達成することができることを、彼女は証明しました。

> Nagayama carefully ponders and debates ideas. I remember frequently discussing topics with her relevant to class contents, but in a much deeper and more inquisitive manner. It is not often that undergraduates take the time to expand upon and examine information so carefully!

永山はアイディアを注意深く熟考し、それについて議論します。私はしばしば、授業の内容に関してより深く、探求心を持って彼女と討論したものです。学部の学生が、これほどまでに情報を発展させ、注意深く考察するために時間をかけるということは、めったにないことです。

> Nagayama has maintained an ongoing relationship with me, long after she took my courses. We continue to be in contact now, even after her June 2001 graduation.

永山は、私の授業を受講後も長く私との連絡を続け、2001年6月の卒業後も、まだ私達はコンタクトを取り合っています。

Having learned to adjust to a new culture as a foreign student, she is in an excellent position to understand the difficulties and needs of other immigrants. She has always been interested in Native American peoples, and other aspects of minority groups in relationship to majority culture.

外国人留学生として異文化に適応することを学んだ結果、彼女は移民が直面する困難とニーズを十分理解することができます。また大多数の文化との関連での、アメリカの先住民やマイノリティグループの状況にいつも関心を抱いてきました。

I have watched her develop a greater confidence in her own abilities, and a greater sense of herself as she has tackled her educational goals.

彼女が教育上のゴールに取り組む中で、自分自身の能力についてより大きな自信を持ち、自分に対する意識をより大きなものに育てていく過程を私は見守ってきました。

Nagayama works extremely well with others, and always goes out of her way to assist others. She tirelessly pushes herself to achieve more than what is expected, and does so with humbleness and self-effacing demeanor. Her ongoing desire to pursue a graduate degree is a goal she has considered carefully.

永山はほかの人と、とても上手に共同作業を行うと同時に、常に時間を割いてほかの人をサポートします。彼女は期待されている以上のことを達成するために、根気強く自分を駆り立て、それらを謙虚に控えめな態度で行います。注意深く検討を重ねた結果、彼女は大学院の学位を追求したいという目標を持つに至り、その望みを維持しています。

> She knows the rigors and demands of graduate school, but is driven by her quest for knowledge and desire to be in a field she adores. It is this aspect of her personality that really impresses me. She is ready and extremely capable of advanced academic study.

彼女は大学院の厳しさと要求を知った上で、知識を得たいという探求心と、大好きな分野に身を置きたいという熱望に導かれています。彼女の性格のこの面が、本当に強い印象を私に与えています。彼女は高度な学問的研究を行う準備ができていますし、研究を実行するための極めて高い能力も持っています。

（5）Ms. Jane Ash に対する推薦状
（奨学金受給志望）

> It is a great pleasure to submit a letter of recommendation on behalf of Ms. Jane Ash in support of her application for the Book Scholarship given by the Lucas Educational Foundation.

ルーカス教育財団が授与するブック奨学金に応募するジェーン・アッシさんのために推薦状を書くことは、私にとって大きな喜びです。

> Ash is an extraordinary person in her intellect, character and commitment to her goals. I know her from two Honors Collegium courses at UCLA where she impressed me with her excellence in written research, articulation in oral presentations, and mastery of topics that she embraced with enthusiasm.

アッシは知性、性格、そして目的に対するコミットメントにおいて、非凡な人です。私はUCLAでの二つのオナーズ・コレジアム・コース(優秀な学生のためのクラス)で彼女と知り合いました。卓越した文書による研究力・口頭での明瞭なプレゼンテーション、そして、熱心さをもってトピックについて深く広く精通している彼女に、私は印象づけられました。

Academically, she is at the top of her class, consistently scoring the highest grades possible. She is able to do this in all her classes – life sciences, humanities, social sciences – whatever she attempts; she excels in beyond what is required.

学業的に彼女はクラスのトップに位置し、可能な限りの高い点数を常に取っています。しかも受講している生命科学・人文科学、そして社会科学というすべてのクラスで、彼女は学業的に優れています。成し遂げようとするすべてにおいて、彼女は必要とされるものを超えて卓越することができます。

Ash also examines issues in totality by questioning research, critiquing hypotheses, and drawing her own conclusions. She is truly exceptional in her intellect and character, and shines brightly academically.

研究に疑問を提示し、仮定を批評し、自分自身の結論を導くことにより、アッシは課題を全体的に検討します。その知性と性格において彼女は真に優れており、学業的に輝ける成果を上げています。

I know she has carefully and cautiously considered medicine as a career choice, and has not jumped into this profession lightly.

医学をキャリアとして選択するにあたり、彼女が軽い気持ちで飛びついたのではなく、注意深くそして用心深く検討したことを私は知っています。

> She discussed with me her concern about the amount of time and commitment that a medical career would mean, and how she could balance her career choice with family.

医学の分野をキャリアとして選んだ場合に必要となる、多くの時間とコミットメントに対する心配と、キャリア選択によって生じる問題を家族とどのようにバランスさせることができるか、について、彼女は私に相談したことがあります。

> She quietly admitted to me that she tried working in an optometrist's office, considering this as career choice, but didn't find this work very challenging or stimulating.

その際、彼女は、検眼士をキャリアとして選び、オフィスで働いたことがあったが、その仕事がチャレンジングな、または刺激的なものに思えなかったということを、静かに私に認めました。

> Thus, she was drawn back to medicine. I believe she is drawn to medicine for two very basic reasons. First, she is seeking a way to improve the basic health care and delivery of medicine.

そこで、彼女は医学を再び検討したのです。彼女は二つのとても基本的な理由から医学に惹かれているのだと私は思います。第一に、彼女は基本的な健康面でのケアと、医療の供与を改善する方法を探しています。

> While she worked as a student health counselor, she realized that important medical information wasn't always available to her patients or to herself. She wants to give her own patients, someday, the information they may need to determine and manage their own health care.

学生健康カウンセラーとして働いた時に、彼女は、重要な医学情報が、彼女の患者や自分に常に与えられるものではないことに気づきました。彼女はいつの日か、自分が担当する患者に、自らのヘルスケアを決定し管理するために、彼らが必要とするであろう情報を与えたいと望んでいます。

> On a larger scale, she is interested in the overall health care needs of women and children and immigrant access to health care, and the human rights contexts of health and medical care.

より大きな視野では、彼女は女性と子供の全体的なヘルスケアとヘルスケアへの移民のアクセス、そしてヘルスと医学ケアにおける人権関係に興味を持っています。

> Secondly, I believe she is in pursuit of self-discovery and intellectual stimulation, which medicine can offer her. Ash is self-motivated, self-reliant, and in pursuit of goals that can impact the lives of others less fortunate than herself.

第二に、彼女は医学を通じて自分自身を再発見し、知的刺激を得ることを求めているのだと、私は思います。アッシは、自らを鼓舞し、自ら行動することができます。そして彼女は、自分より恵まれていないほかの人達の人生に影響を与えることができる目標を求めています。

> She has learned to plot a course and excel in her education without the benefit of educated parents. This is a lesson she is taking into her navigation of career and life.

教育を受けることができなかった両親のもとで育ちながらも、彼女は、自分が進むべき道を定め、教育において秀でることを学びました。これが、キャリアと人生の航海をするに当たり、彼女が糧としようとしているレッスンです。

> It is rare to find someone as humble and empathetic as Ash. She is incomparable in her personal qualities. She possesses the wonderful combination of intelligence, enthusiasm and passion, and holds a vision to better the lives of others through the pursuit of medicine.

アッシほど、偉ぶらず、人に共感できる人を見つけることは稀です。個人的な資質において彼女はほかの人達とは比較にならないぐらい優れています。彼女は知性・熱意と情熱とを、素晴らしいバランスで持ち合わせており、医学の追求を通して、ほかの人々の人生をより良くするというビジョンを持っています。

> She is well deserving of the Book Scholarship given by the Lucas Educational Foundation. I know she will be an example of professionalism and excellence for the Scholarship.

ルーカス教育財団が付与するブック奨学金に、彼女は十分ふさわしいです。彼女が奨学金を受けるに値するプロフェッショナリズムと優秀さの例となることを確信しています。

（6）Mr. Tom Kurtz に対する推薦状
（奨学金受給志望）

> It is a great pleasure to submit a letter of recommendation on behalf of Mr. Tom Kurtz. Kurtz is an exceptional student and person. His academic performance is outstanding while at the same time he maintains high standards in his work obligations and personal endeavors.

　トム・カーツ君のために推薦状を提出することをとても嬉しく思います。カーツは非常に優れた学生であり、人物です。彼の学業上の実績は秀でており、同時に、彼は仕事の義務と個人的な努力において高い水準を維持しています。

> I am well acquainted with Kurtz's academic attributes at UCLA where he enthusiastically took 3 courses from me in a diversity of topics: Honors Collegium [*Violence Against Women in Cross-Cultural Perspective*], Anthropology, and Women's Studies.

　カーツの UCLA での学業面の資質を、私はよく知っています。彼は、優秀な学生のためのクラス「異文化間の視点から見た女性に対する暴力」・人類学・女性学という、さまざまなトピックに関する私の3科目を熱心に受講しました。

He masterfully wrote research papers on the topics of violence against women during slavery, and discrimination against survivors of the atomic bomb in Japan.

そして、奴隷時代の女性に対する暴力、および、日本における原子爆弾の被災者に対する差別を題材とする研究論文を見事に書き上げました。

His papers demonstrate his ability to do original and creative research, present a clear thesis, support a hypothesis, and summarize the conclusions. He is well organized, logical, and eloquent and consistently reveals a determination to excel in both written and oral presentations.

彼の論文は、オリジナルかつ創造的な研究を行い、明確な主張を述べ、仮定を立証して、結論を要約することができるという、彼の能力を示しています。彼は体系づけることに優れ、論理的で、雄弁です。そして常に、文書や口頭でのプレゼンテーションで秀でようとする決意を見せます。

With a major in Political Science and minor in Public Policy, he is currently researching and writing his Senior Thesis on the United States Missile Defense policy, which reflects his interests in security issues, international relations, government, and the law.

彼の専攻は政治学、副専攻は社会政策で、現在米国のミサイル防衛政策について研究を進め、最終学年の論文を書いているところです。この論文は、安全問題・国際関係・政府および法律に関する彼の関心を反映しています。

> In addition to his coursework, Kurtz pursues many extracurricular interests. The highlights are: tutoring inner city students, UCLA Student Government, and New Bethel Community Outreach Project leader in charge of food and clothing distribution in the Inglewood community.

授業での作業に加え、カーツは数多くの課外の関心事項を追求しています。そのハイライトは、旧市内の過密地区に住む学生の個別指導、UCLA の学生委員会活動、およびイングルウッド地域社会での飲食物と服の配送を担当する新ベテル地域社会奉仕プロジェクトのリーダーであることです。

> He is also involved in a lengthy project on Los Angeles Airport Noise Pollution in the Inglewood community which he presented at a conference on the environment in Sacramento, California.

彼はまた、カリフォルニア州サクラメントでの環境会議で自分が発表した、イングルウッド地域社会におけるロサンジェルス空港の騒音公害にも、長期間にわたって関わっています。

As a resident growing up in the Inglewood area, many of his extracurricular projects focus on how he can improve and give something back to the Hispanic community in which his family still lives.

イングルウッドエリアで育った住民として、彼は、彼の家族がまだ住んでいるヒスパニック地域社会を彼がどのように改善し、何を還元できるかに焦点を当てて、課外活動の多くに取り組んでいます。

He has received numerous awards, scholarships, and fellowships based on his academic excellence, financial need, minority student status, and commitment to community service and leadership potential. He is enrolled in the Honors Program at UCLA, and is very much an asset to the program and the university.

優れた学業上の成績・経済的ニーズ・マイノリティ学生としての立場、そしてコミュニティサービスに対するコミットメントとリーダーとしての潜在能力により、彼は数多くの賞・奨学金や研究奨学金を受賞してきました。UCLA で優等生プログラムに登録している彼の存在は、プログラムと大学の両方にとって、とても大事な財産となっています。

> Kurtz's accomplishments are impressive. As he pursues his long-range goals, he never loses sight of his immediate responsibilities to his community, his fellow students, disadvantaged members of society, and humanity as a whole.

これまでにカーツが達成してきたことは、とても印象的です。長期的なゴールを追及していく中で、彼は、地域社会・仲間の学生・社会での恵まれない人々、および全体的な人間愛を決して見失うことはありません。

> I observed him recently spending many hours working with a fellow student to improve her statement of purpose for a professional school application.

大学院への出願用に仲間の学生が書いた目的陳述書（エッセイ）を改善するために、彼が何時間もかけているのを最近私は観察しました。

> Keenly aware of his education being a means for self-discovery, he also has a strong sense of applying his knowledge to a larger audience and to larger issues that might make a difference in the world.

教育を受けることが、自分自身を発見する手段だということを彼は鋭敏に認識しています。そして、世界に影響を与えるために、彼の知識をより多数の人々とより大きな課題に適用したいという気持ちを強く持っています。

> Kurtz possesses the wonderful qualities of intelligence, enthusiasm, optimism, and compassion, and holds a vision of how he might be able to make a contribution in bettering the lives of others. He is extremely deserving of the Executive Fellowship Program and the opportunity to internship based on his accomplishments and his potential.

カーツは知性・熱意・楽観主義と思いやり、という素晴らしい資質を持っており、ほかの人々の人生をより良いものにするために彼がどのように貢献できるか、ということに対するビジョンを持っています。彼が達成してきたことや彼の可能性を考慮するに、彼はエグゼクティブ奨学金プログラムの対象者として、また、インターンシップの機会を受ける志願者として、極めてふさわしい人物です。

第Ⅲ部

アピール力のある表現と文例

第1章

アピール力のある表現

《この章の要約》

　効果的なレジュメ・カバーレター・エッセイ・推薦状を作成するに当たり、知っておくと便利な「英語でアピールするための表現」を紹介します。**能力・熟達度・資質**および「**〜を遂行した。〜を達成した**」といったように、**自分が主体的に何かを行ったことを表現するためのさまざまな単語と用例**とを、項目別に掲載しています。辞書的にアルファベット順に掲載し、分かりやすいように、それぞれの英文に和訳を併記しています。

（1） 能力や熟達度をアピールする表現

　能力や熟達度をアピールする表現を学び、語彙を増やしていただけるよう、一つの単語から派生する形容詞や副詞なども紹介しています。例えば、"ability"（能力）に続けて、"able to + 動詞"（～することができる）を載せています。各々の単語には、さまざまな意味がありますが、ここではアピールするための表現という観点から、それぞれ一つだけ意味を紹介しています。

　英語力取得の方法の一つは、覚えた単語を実際に文の中で使ってみることです。本章に記載した表現を使って、あなた自身や知り合いについての、さまざまなアピール文を作ってみましょう。単に、単語の羅列だったものが、生きた表現として、あなたのものになるでしょう。

　例えば、"ability to write a business letter"（ビジネスレターを書く能力）という用例の中の、"ability to"の後ろの動詞を違うものに替えてみましょう。"ability to do multiple tasks"（複数のタスクを実行する能力）や、"ability to prepare presentation materials using PowerPoint"（パワーポイントを使用してプレゼンテーション資料を作成する能力）といった用例を作成することができます。

《基本語》	《用例》
ability to + 動詞 〜する能力	ability to write a business letter 　ビジネスレターを作成する能力
形容詞 + ability 〜する能力	analytical ability 　分析能力 Her analytical ability is superb. 　彼女の分析能力は卓越している。
able to + 動詞 〜することができる	able to communicate in English 　英語でコミュニケーションできる。 I am able to analyze data and prepare a report based on it. 　私はデータを分析し、それをもとにレポートを用意することができる。
can + 動詞 〜することができる	I can contribute to the growth of your company. 　私は御社の成長に貢献することができる。

《基本語》	《用例》
capable 有能な	a capable salesperson 　有能なセールス担当者 I will show you how capable I am. 　私がいかに有能かを示そう。
capable of + 動名詞 〜できる	capable of carrying out several tasks simultaneously. 　数種類の課題を同時に行うことができる。
capability 能力	You can trust his designing capability. 　彼のデザインをする能力をあなたは信用することができる。
capability to + 動詞 〜する能力	Tom's capability to calculate is outstanding. 　トムの計算能力は卓越している。
capacity 才能	She is a woman of great capacity. 　彼女は才能豊かな女性だ。

《基本語》	《用例》
competent 有能な	a competent teacher 　有能な先生 She is the most competent translator I have ever worked with. 　彼女は私が今まで一緒に仕事をした中で最も有能な通訳だ。
competent to + 動詞 〜するのに適任	She is competent to lead this division. 　彼女は、この部署をリードするには適任だ。
competency 能力	How do you measure the manager's competency to carry out the work? 　あなたはどうやって、そのマネージャーの仕事を遂行する能力を評価するのか。
excellent 卓越している	My assistant is excellent in making graphs using Excel. 　私のアシスタントは、エクセルを用いたグラフ作成に卓越している。

《基本語》	《用例》
be + good at + 動詞 〜するのが上手	That waiter is good at making customers happy. 　あのウエイターは、上手に顧客を楽しませることができる。
outstanding 傑出した	The president has an outstanding communication skill. 　社長は傑出したコミュニケーションスキルを持っている。
proficient 堪能な	Many proficient writers work at that publisher. 　多くの堪能な書き手があの出版社で働いている。
proficiency 熟達	I have a proficiency in English as demonstrated by my scoring 900 points in TOEIC. 　TOEICで900点取ったことが示すように、私は英語に熟達している。

《基本語》	《用例》
qualified 資格がある	He is the only qualified accountant in our department. 彼は我々の部でただ一人、会計士の資格を持っている。
skill スキル	Do you have the necessary skills to bring this project to a success? あなたはこのプロジェクトを成功に導くために必要なスキルを保持しているか。
skillful 熟練した	He told us how skillful he is at motivating others. 彼はいかに自分が、ほかの人をやる気にさせることに熟達しているかを、我々に話した。
skillfully 巧みに	The artist skillfully painted the picture of the customer. そのアーティストは、巧みに顧客の絵を描いた。

《基本語》	《用例》
superb 超一流の	I am excited at the opportunity of being acquainted with such a superb engineer. 私はそのような超一流のエンジニアと知り合える機会があることに興奮している。
superior 優れた	My intention is to manufacture products with superior qualities. 私の意図は優れた品質の商品を製造することだ。
be + versed in . . . 〜に精通した	That cabin attendant is versed in Australian culture. あの客室乗務員はオーストラリアの文化に精通している。

（2） 個人的資質をアピールする表現

　個人的資質をアピールする表現を列挙します。「積極的である」、「順応性がある」、など、職場で強みとなる性格を示す表現です。（1）で紹介した「能力や熟達度をアピールする表現」同様、以下に紹介する資質を表現する言葉を使って、いろいろな例文を作ってみてください。

　例えば、"active"（活動的な）の用例として"She is a very active salesperson."（彼女はとても活動的なセールスパーソンだ）という文があったとします。active をその他の資質をあらわす言葉に置き換えて、"She is an ambitious salesperson."（彼女は意欲満々のセールスパーソンだ）と言うことができます。

《基本語》	《用例》
active 積極的な	I played a very active role in planning the promotion which resulted in a big success. 　私は大きな成果を生んだプロモーションを計画するに当たり、とても積極的な役割を果たした。
adapt 順応する	Mr. Shibata adapted himself well to circumstances. 　柴田さんは境遇に上手く順応した。
adaptability 順応性	Tom has a surprisingly good adaptability to changes in work environment. 　トムは職場環境の変化に対して驚くほど優れた順応性を持っている。
alert 機敏な	As she is very alert, she is able to accomplish much work. 　彼女はとても機敏なので多くの仕事を達成することができる。

《基本語》	《用例》
alertness 機敏さ	I was impressed by the alertness with which she conducted the meeting. 　私は彼女が会議を行った際に示した機敏さに印象を受けた。
ambitious 意欲満々の	I want my students to be ambitious. 　私は私の生徒達に意欲満々であって欲しい。
ambition 向上心	His strong ambition was the source of his energy. 　彼の強い向上心が彼のエネルギーの源だった。
analytical 分析的な	Please read this document with an analytical mind. 　分析的な意識をもって、この書類を読んでいただきたい。
attentive 注意深い	I rarely make mistakes as I am quite attentive to details. 　私は細かい点に極めて注意深いのでほとんど間違いをおかさない。

《基本語》	《用例》
attentively **注意深く**	I attentively listen to team leader. 私は注意深くチームリーダーの意見を聞く。
attentiveness **注意深さ**	I am known for attentiveness. 私は注意深さで知られている。
calm **落ちついた**	I can always deal with troubles in a calm manner. 私は常に落ちついた態度で、問題を処理することができる。
calmly **落ちついて**	He calmly coped with complaints. 彼は落着いて苦情に対処した。
committed **専心している**	Mr. Goldwin is fully committed to supporting his subordinates. ゴールドウイン氏は完全に彼の部下をサポートすることに専心している。

《基本語》	《用例》
conscientious 誠実な	His conscientious attitude inspired many people. 　彼の誠実な態度は多くの人々にやる気を与えた。
conscientiously 誠実に	In spite of the difficult situation, she continued working conscientiously. 　難しい状況にもかかわらず、彼女は誠実に仕事を続けた。
constructive 建設的な	Please provide us with a constructive opinion. 　建設的な意見を我々に提供していただきたい。
constructively 建設的に	Members of the advertisement agency constructively participated in the meeting. 　その広告代理店のメンバーは、会議に建設的に参加した。

《基本語》	《用例》
creative 創造的な	Being creative requires much energy. 創造的であることは多くのエネルギーを必要とする。
creatively 創造的に	He uses his idea creatively for design. 彼は自分のアイディアを、創造的にデザインに活かす。
creativity 創造力	His creativity won him the gold prize. 彼の創造力が評価されて、彼は金賞を受賞した。
depend on + A A を頼みにする	You can depend on him to carry out the work. 彼が仕事を実行することを、あなたは当て（頼み）にすることができる。
dependable 信頼できる	I am confident I can collect dependable information. 私は、信頼できる情報を集めてくる自信がある。

第1章　アピール力のある表現

《基本語》	《用例》
dynamic 活動的な	The assistant manager has a dynamic personality. 　その係長は活動的な性格だ。
earnest 熱心な	Please demonstrate to us how earnest you are about this work. 　この仕事に関してあなたがどの程度熱心なのかを我々に示していただきたい。
efficient 有能な	She is an extremely efficient secretary. 　彼女は極めて有能な秘書だ。
efficiency 能率	His efficiency in developing ideas is well known. 　アイディアを展開する彼の能力は、よく知られている。
energetic 精力的な	We are looking for an energetic person who can inspire. 　我々は他の人を奮い立たせることができるエネルギッシュな人を求めている。

《基本語》	《用例》
energy 元気	The General Manager is full of energy. 部長は元気一杯だ。
enthusiastic 熱心な	The waitress is enthusiastic about her work. そのウエイトレスは彼女の仕事に熱心だ。
enthusiastically 熱心に	He enthusiastically studied law. 彼は熱心に法律を学んだ。
enthusiasm 熱意	He educates his subordinates with great enthusiasm. 彼は部下をとても熱心に教育する。
inventive 創意に富んだ	The proposal Jim made was inventive and full of ideas. ジムが作成した提案は創意に富んでおり、アイディアで一杯だった。
inventiveness 創作力	His inventiveness is amazing. 彼の創作力は素晴らしい。

《基本語》	《用例》
logical 論理的	Her thinking is always logical. 　彼女の考え方はいつも論理的だ。
methodical 整然とした	The accountant has a methodical way of filing documents. 　その会計士は書類を整然とした方法でファイルする。
methodically 整然と	He methodically lists problems in his mind. 　彼は問題点を整然と頭脳にリストアップする。
motivate B to do . . . Bに〜するように動機づける	He is able to motivate others around him to work hard. 　彼は一生懸命に働くように、周囲の人々を動機づけることができる。
motivated 積極的である	I am highly motivated to achieve the budget. 　私は予算を達成することに大変積極的だ。

《基本語》	《用例》
motivation 動機	My staff has the motivation to develop new customers. 　私のスタッフは自発的に新しい顧客を開発する。
reliable 信頼できる	My boss always gives me a reliable advice whenever I ask for help. 　助けを求めれば、私の上司はいつも、信頼できる助言を私に与えてくれる。
rely on C to do... Cが〜をすることを当てにする	You can rely on my assistant to finish the work by next Monday. 　あなたは私のアシスタントが、来週月曜日までに仕事を終えると当てにできる。
responsible 責任感のある	I found Sam to be a very responsible staff who followed through with his work. 　サムは仕事を遂行する責任感のあるスタッフだと私は思った。

《基本語》	《用例》
sincere 誠実な	It is important to always be sincere in dealing with others. 他の人達と接する時に、何時も誠実であることが重要だ。
sincerity 誠実さ	She always carried out her task with sincerity. 彼女は常に、誠実さをもって仕事を実行した。
systematic 計画性のある	Being a systematic worker, Kate was able to finish such a complex task on schedule. 計画性のある働き手なので、ケイトは、そのような複雑な仕事をスケジュール通りに終了できた。
systematically 計画性をもって	He conducts his work systematically. 彼は計画性をもって仕事を処理する。

（3） 主体的に行動したことを示す表現

　職場では、主体的に行動することが求められます。そこで、ここでは、「〜を遂行した」や「〜を実施した」というような、「主体的に行動したことを示す表現」を列挙します。これらの表現から派生する名詞や、それらの用例も紹介しますので、参考にしてください。「職場でどういった成果をあげたのか」といったことを説明する際に役立ちます。

《基本語》	《用例》
accomplish 遂行する	I finally accomplished my dream to write a book on accounting. 　会計についての本を書くという私の夢を、ついに私は遂行した。
accomplishment 実績	My accomplishment at Logistics Corp was building a website. 　ロジスティック株式会社での、私の実績は、ホームページを作り上げたことだ。
achieve 達成する	I intend to make every effort possible to achieve my aim. 　目的を達成するために、私はあらゆる努力をするつもりだ。
achievement 達成したこと	Please state your achievements clearly as an illustrator. 　イラストレーターとして、あなたが達成したことを明確に述べていただきたい。

《基本語》	《用例》
analyze 分析する	Your job is to analyze the B/S and P/L carefully and report any discrepancies. あなたの仕事は、バランスシートと損益計算書を注意深く分析し、矛盾があれば報告することである。
approve 承認する	I approved the annual budget for the marketing department. 私は、マーケティング部の年間予算を承認した。
approval 承認	She gave necessary approvals to proceed with the work. 彼女は、仕事を進めるために必要な承認を与えた。
arrange 手配する	I arranged all the internal meetings. 私はすべての社内会議を手配した。

第1章 アピール力のある表現

《基本語》	《用例》
arrangements 手配	We made arrangements for him to speak at the conference. 我々は彼が会議で話す手配をした。
assist 助ける	I assisted our clients in making a plan for the business trip. 我々の顧客が出張計画を立てることを私はサポートした。
clarify 明確にする	I helped clarify what had been a very confusing report. とても分かりにくかったレポートを分かりやすくする手助けをした。
complete 完成させる	I played a major role in completing the building. その建物を完成させるのに当たり、私は主要な役割を果たした。

《基本語》	《用例》
conceive 考え出す	While working in the marketing department, he conceived a very effective marketing plan. 　マーケティング部で勤務中に、彼はとても効果的なマーケティングプランを考え出した。
conduct 実施する	In 2001, we conducted a campaign that involved all sales companies in the region. 　2001年に我々は、その地域内のすべての販売会社を巻き込んだキャンペーンを実施した。
create 創作する	She created a new logo for the brand. 　彼女はそのブランド用の新しいロゴを創作した。
demonstrate 示す	Please demonstrate to us your ability to perform well under pressure. 　プレッシャーがあっても仕事を上手にできるという、あなたの能力を我々に示していただきたい。

《基本語》	《用例》
develop 開発する	Our team developed a new IC chip. 　わがチームは新しい IC チップを開発した。
devise 考案する	The shop owner devised methods to attract more customers to the shop. 　その店のオーナーはより多くの顧客を店に引き付ける方法を考案した。
direct 監督する	As director of the company, I directed more than 100 staff members. 　会社のダイレクターとして、私は 100 人以上のスタッフを監督した。
double 倍増する	I doubled the sales of books in FY 2013. 　私は本の売上を 2013 年度に 2 倍にした。
eliminate 削除する	The new general manager eliminated all unnecessary expenses. 　新しい部長はすべての不要な費用を削除した。

《基本語》	《用例》
enlarge 拡大する	The mission of this division is to enlarge the e-learning business. 　この部門のミッションは e-ラーニングのビジネスを拡大することだ。
establish 設立する	We must establish a new company if we want to pursue this objective. 　この目的を遂行しようと思うならば、我々は新しい会社を設立しなければならない。
evaluate 評価する	I was in the position to evaluate 10 subordinates. 　私は 10 人の部下を評価する立場にいた。
expand 拡大する	We expanded the business of the company by newly starting up OEM business. 　我々は新たに OEM のビジネスを開始することにより、会社のビジネスを拡大した。

《基本語》	《用例》
expedite 促進する	I was able to reduce cost by expediting the plan. 　私は計画を促進することで、費用を減らすことができた。
guide 指導する	He guided his subordinates so that they could become effective speakers. 　彼は彼の部下が効果的な話し方を身につけられるよう、部下を指導した。
halve 半減する	The consultant assisted us in halving the cost required for checking the documents. 　そのコンサルタントは、書類をチェックするのに必要なコストを半減するための手助けをした。
head 率いる	I was assigned to head the new division. 　私はその新しい部門を率いる役割を与えられた。

《基本語》	《用例》
implement 実行する	My strength is being able to implement difficult projects. 　私の強みは困難なプロジェクトを実行できることだ。
improve 改善する	He improved the ordering process. 　彼は注文のプロセスを改善した。
increase 増やす	My efforts helped increase the number of clients. 　私の努力は、顧客の数を増やすことに役立った。
innovate 刷新する	I have ideas for innovating the way work is carried out at this company. 　この会社で行われている仕事のやり方を刷新するためのアイディアを私は持っている。

《基本語》	《用例》
inspire やる気にさせる	The project leader inspired us all to work harder. 　そのプロジェクトリーダーは、我々全員をやる気にさせ、全員がより一生懸命働くようにした。
launch 売り出す	I am certain that I can successfully launch this new product into the market. 　この新しい商品を、市場にうまく売り出すことができると、私は確信している。
lead 導く	Your job is to lead this team to victory. 　あなたの仕事は、このチームを勝利に導くことだ。
maintain 維持する	I made sure to maintain the momentum we had. 　我々が持っていた勢いを維持するよう、私は心がけた。

《基本語》	《用例》
motivate 動機づける	We must motivate the new employees to try their best. 新しい従業員が最善を尽くすように我々は、彼らを動機づけねばならない。
negotiate 交渉する	I was in charge of negotiating the contract. 私はその契約について交渉する責任を担っていた。
organize 組織する	I organized the construction team. 私はその建設チームを組織した。
overcome 克服する	She is capable of overcoming difficulties. 彼女には困難を克服する力がある。
participate 参加する	I am eager to participate in your project. あなたのプロジェクトに参加することを私は熱望している。

《基本語》	《用例》
raise 集める	I raised money for this worthwhile cause. 　私はこの価値ある目的のために資金を集めた。
recommend 推薦する	I strongly recommend Judy to your university. 　私はジュディを貴大学に強く推薦する。
reduce 減らす	I had to reduce the number of employees to make a more effective team. 　より効果的なチームを編成するために、私は従業員の数を減らさねばならなかった。
reorganize 再編する	One of my achievements was reorganizing the Sales Division. 　私の実績の一つは、販売部門を再編したことだ。

《基本語》	《用例》
report 報告する	I reported the results of the meeting to the client. 私は顧客に会議の結果を報告した。
simplify 簡素化する	Through his efforts, we were able to simplify the operation. 彼の努力により、我々はそのオペレーションを簡素化することができた。
solve 解決する	They solved the problem by working all night. 彼らは徹夜で働いて、その問題を解決した。
streamline 合理化する	He was awarded for streamlining the General Affairs Division. 彼は総務部を合理化したことにより賞を受けた。

《基本語》	《用例》
strengthen 強化する	I strengthened the advertisement of the company by employing a new advertising manager. 新しい広告のマネジャーを雇うことで、私は会社の広告を強化した。
succeed 成功する	I have a strong will to succeed no matter what may happen. どんなことがあろうとも成功する、という強い意思を、私は持っている。
supervise 監督する	I have the experience of supervising more than 20 staff members. 私は20人以上のスタッフを監督した経験がある。
train 訓練する	As an instructor, I trained him to become a top salesperson. 私は指導者として、彼がトップセールススタッフになるよう、彼を訓練した。

《基本語》	《用例》
verify 　立証する	I have the authority to verify this document. 　私はこの書類を立証する権限を持っている。

第2章

アピール力のある文例

《この章の要約》

　さまざまな大学院が、自らの大学院が提供しているプログラムや優秀な教授陣や優れた環境などをアピールするために使用している表現の文例と、ビジネスに特化したソーシャルネットワークのリンクトインに掲載されている推薦文の例をいくつか紹介します。

　洗練されたアピール文の数々をぜひご覧ください。分かりやすいように、それぞれの英文に和訳を併記し、直訳だと意味が分かりにくい箇所には表現を補足しています。アピール表現の参考になると思われる箇所は英文・和文ともに太字にしています。

　章の最後には、限られた時間内に自分自身を効果的に伝えるための、アピール力のある自己紹介文も紹介しています。

（1）The Wharton School, The University of Pennsylvania, MBA Program

> Why Wharton? Because you'll be stretched, pushed and, ultimately, transformed. **Our challenging, flexible program – driven by the best minds in business education** – unleashes your potential, giving you the confidence and skills to lead anywhere in the world.

なぜウォートンを選ぶべきなのでしょう。それは、あなたが今よりストレッチされ（今できている以上のことを課される）、新たなことにチャレンジするよう促され、そして最終的には変身するからです。**ビジネス教育における最高の知識人が提供している、私たちの挑戦的で柔軟なプログラムは、**世界中のあらゆる場所でリーダーとなる自信とスキルをあなたに与え、あなたの潜在能力を最大限に引き出します。

> With 94,000 graduates, including world leaders in corporate, nonprofit, and government organizations, we have **the largest alumni network of any business school.** Wherever you are in the world, you can always call on a Wharton graduate for concrete help, advice, and support.

ウォートンには、94,000名もの卒業生がおり、**あらゆる経営大学院の中で、最大の卒業生のネットワーク**を持っています。卒業生の中には、企業、非営利団体や政府機関で働いている世界的なリーダーがいます。世界中どこにいようとも、あなたはいつでも、具体的な支援や助言やサポートを求めて、ウォートンの卒業生に頼ることができます

> Be idealistic. Be ambitious. When you graduate, you'll have the knowledge and leadership skills to be successful in the global workplace

理想家になりなさい。大きな望みを持ちなさい。ウォートンを卒業する時、グローバルな職場で成功するために必要な知識とリーダーシップスキルを、あなたは持っているでしょう。

（2） Kellogg School of Management, Northwestern University

> The Kellogg Difference

ケロッグが他校と違っている点。

> At Kellogg, we develop **brave leaders** who inspire growth in people, organizations and markets.

ケロッグでは、私たちは、人々や組織や市場の成長を引き起こす、**勇敢なリーダー**を育成しています。

> Our distinctive approach to thought leadership is built on foundational departments integrated with strategic cross-disciplinary initiatives and rich curricular experience. Read a few of our insights into distinctive thought leadership:

新時代を築いていく、考え抜かれたリーダーシップに対する私たちの独特なアプローチは、戦略的で学際的な取り組みと豊富なカリキュラムが統合された基礎となる学部上に築かれています。新時代を築いていく、考え抜かれたリーダーシップに対する私たちの洞察を読んでみてください。

Our Innovative Portfolio
Choose a Program That Meets Your Personal & Professional Goals

With a broadest array of global offerings, our innovative portfolio of programs **creates unique opportunities** to help you achieve your professional and personal goals — no matter your career stage and experience. Read how our students succeed in their chosen field:

私たちの革新的なプログラムの数々。
あなたの個人的、そして、職業上の目標に合ったプログラムを選択してください。グローバルに一連の幅広い革新的なプログラムを私たちは提供しているので、あなたがキャリアのどの段階にいようと、どんな経験を持っていようと、あなたが職業上の、そして個人的な目標を達成するための**ユニークな機会を創出**します。ケロッグの学生が、彼らが選択した領域でどのように成功しているか、読んでみてください。

Our **Vibrant** Community & Culture
Discover a Community That's **Courageous,** Driven & Supportive

We offer an environment that requires teamwork and encourages risk-taking, among colleagues who are as **supportive** as they are ambitious. Read how our students succeed due to our vibrant community:

私たちの**活気に満ちた**コミュニティと文化。
勇気を持って何かをしようとしているコミュニティ、そして、あなたの支えになってくれるコミュニティを見つけてください。野心的であると同様にあなたの**支えになってくれる**同僚とチームワークを組み、リスクを取ることを奨励する環境を私たちは提供します。私たちの活気に満ちたコミュニティの中で、ケロッグの学生がいかに成功しているのかについて、読んでください。

> No matter which Full-Time MBA you choose, you will leave with **a broad-based, agile skill set** that prepares you to **lead confidently** in the face of unprecedented challenges and enormous opportunities.

どのフルタイムの MBA を選択しようとも、あなたは、前例のない課題と巨大な機会に直面した時に、**自信を持ってリーダーシップを発揮する**ことを可能にする、**広範囲に及ぶ、機敏でしなやかな一連のスキル**を身につけて、卒業することになるでしょう

> Experience the World
> No matter your program, you will have the opportunity to learn from some of **the greatest business and management minds** in the world.

世界を体験してください。
あなたが選択するプログラムが何であれ、世界で**最も偉大なビジネスや経営に携わる知識人たち**から学ぶ機会を、あなたは持つことになるでしょう。

Shape Your Career

Have access to **our award-winning career center** and connect with top companies around the world and across industries on a year-round basis.

あなたのキャリアを形成してください
数々の賞に輝く私たちのキャリアセンターを利用して、1年中いつでも、世界中のトップ企業と、産業を越えてつながってください。

Connect with Alumni

Become a part of **our expansive global network** of more than 58,000 alumni and develop **a lifelong global network**.

同窓会とつながりを持ってください。58,000名以上いる卒業生で構成される、**私たちの広大なグローバルネットワーク**の一員となって、**生涯にわたるグローバルなネットワーク**を構築してください。

（3）Harvard Business School (HBS)

> Our Mission
> We Educate **Leaders Who Make a Difference in the World**.

私たちの使命（ミッション）。
私たちは、**世界に影響を与えるリーダー**を教育します。

> Indeed, what distinguishes Harvard Business School is that our graduates provide leadership in all walks of life.

実際、ハーバード・ビジネス・スクールを際立たせているのは、私たちの卒業生が、各界でリーダーシップを発揮しているということです。

> Although we can touch only a few thousand directly each year, we can indirectly influence many more by remaining **the most trusted and admired leader** in business education.

私たちは、毎年わずか数千名の学生にしか直接教育をすることはできませんが、ビジネス教育で**最も信頼され、賞賛されるリーダー**であり続けることによって、より多くの人々に、間接的に影響を与えることができます。

> **Academic Programs**
> For over 100 years our graduates and faculty have shaped business around the world.

アカデミックなプログラム。100年以上にわたり、私たちの卒業生と教員は、世界中のビジネスを形作ってきました。

> **Campus & Culture**
> Our vibrant residential campus is designed to develop skills and build **relationships that last a lifetime**.

キャンパスと文化。活気に溢れた全寮制のキャンパスは、スキルを開発し、**生涯の結びつき**を構築することができるように設計されています。

> **School Leadership**
> "This must be where **the world's best thinking** about business and management takes place."
> – Dean Nitin Nohria

大学のリーダーシップ。
「ビジネスや経営に関する**世界最高の思考**が、ここで繰り広げられているに違いありません。」
　　ニティンノーリア　学部長

> The HBS Difference
>
> Our six **differentiators**
>
> Six tenets that make Harvard Business School unique:
>
> Global Intelligence
>
> Learning in Practice
>
> Entrepreneurship & Innovation
>
> Residential Learning Community
>
> Alumni Relationships
>
> Publications & Resources

HBSの違い。

私たちの6つの**差異化要因**。

ハーバード・ビジネス・スクールをユニークなものにしている6つの理念。

　グローバルな知性

　実践を通じた学び

　起業家精神とイノベーション

　全寮制の中で学習するコミュニティ

　同窓生との結びつき

　出版物と資料

(4) Stanford Graduate School of Business

> Careers change. Industries change. The world changes. With the programs at Stanford Graduate School of Business, you'll not only keep pace with that change — you'll drive it.

キャリアは変化します。産業も変化します。世界も変化します。スタンフォード経営大学院で提供されるプログラムを学ぶことにより、単にその変化についていくだけでなく、あなたは、それらの変化を起こしていくことになるでしょう。

> The education you receive at Stanford GSB will empower you with **the knowledge, skills, and long-term vision that lead to innovation and growth**. And, you'll build a powerful network of accomplished, inspiring colleagues that will continue to sustain you, long after your final class.

スタンフォード経営大学院で教育を受けることにより、あなたは、**イノベーションと成長につながる知識・スキル、および長期的なビジョン**を獲得し、力づけられます。そして、最後の授業が終わった後も、ずっと長い間、あなたを支え続けてくれる強力なネットワークを、あなたを元気づけてくれる熟達した同僚たちと、構築することになるでしょう。

> Our global reputation is hard-earned. Stanford GSB offers **unparalleled opportunities** that will help you launch **a meaningful career** and **make an impact.**

私たちの世界的評判は、骨を折って獲得したものです。スタンフォード経営大学院は、あなたが**意味のあるキャリア**をスタートし、世の中に**影響を与える**ことを助ける、**比類のない機会**を提供します。

> Our faculty are **recognized experts** in the global business community. They're **knowledge creators** who rigorously pursue research at the leading edge of their fields. And they're **passionate** about developing the next generation of global business leaders.

私たちの教員は、グローバルなビジネスのコミュニティで、**専門家**として**評価**されています。彼らは、それぞれの分野で最先端の研究を綿密に追求している**知識創造者**です。そして、彼らは次世代のビジネスリーダーを育てることに**情熱を注い**でいます。

> By incorporating an expansive range of academic methods, approaches, and experiences, we create a learning environment that **leads to success** and creates impact.

広範囲に及ぶ学究的な方法・取り組みや経験を組み込むことにより、私たちは**成功**につながり、影響力を持つような学習環境を創造します。

> From **renowned entrepreneurs** to international corporate leaders, the world's top business names visit Stanford GSB regularly.

名高い起業家から国際企業のリーダーまで、世界の一流のビジネス人が、スタンフォード経営大学院を定期的に訪問しています。

> **Extraordinary Surroundings**
> Located in the heart of Silicon Valley, south of San Francisco, there's no better place to study business. The San Francisco Bay Area provides endless opportunities for cultural enrichment, easy access to the outdoors, and fun.

たぐいまれな周辺の環境。
スタンフォード経営大学院は、サンフランシスコの南、シリコンバレーの中心部に位置しており、ビジネスを学ぶには、ここ以上に良い場所はありません。サンフランシスコ・ベイエリアは、教養を高めることや、屋外を容易に楽しみ、面白いことをするための無限の機会を提供します。

> Every day, our alumni are making a **positive**, measurable difference in the world. A recent study by two Stanford professors determined that alumni from across Stanford University have collectively created nearly $3 trillion in economic impact each year, and have generated 5.4 million jobs.

私たちの卒業生は、毎日**ポジティブ**で目に見える影響を世界中に与えています。2名のスタンフォード大学の教授が行った最近の調査によると、スタンフォード大学からの卒業生全体で、毎年3兆ドル近くもの経済的影響を及ぼし、540万もの雇用を生み出しています。

> Limitless Opportunity
> Of course, your Stanford GSB education will **offer measurable value**, too. As an example, overall compensation levels for our MBA graduates are consistently among the highest of our peer schools.

　無限の機会。
　もちろん、スタンフォード経営大学院で受ける教育は、**測ることのできる価値**もあなたに提供します。一例として、私たちのMBAの卒業生の報酬は、同様な大学院の中で常に最高水準にあります。

(5) Columbia Business School

> Prepare to make an impact. At Columbia, at the very center of business, you'll learn to **respond dynamically to any challenge**. You'll gain the skills you need to succeed in a fast-moving, competitive business environment and see how to create opportunities they once seemed impossible.

　世の中に影響を与えるための準備をしましょう。まさしくビジネスの中心に位置するコロンビアで、あなたは**いかなる課題にもダイナミックに対応する**ことを学ぶでしょう。また、動きの速い、競争の激しいビジネス環境で、成功するために必要なスキルを得るでしょう。そして、以前は不可能と思っていた機会をいかに創りだすことができるのか、ということを理解するでしょう。

> The School's comprehensive core curriculum builds the foundation necessary for success in any field, while electives offer insight into specialized areas of expertise.

　大学院の包括的な核となっているカリキュラムを通じて、あらゆる分野で成功するために必要な基礎を構築することができます。一方、選択科目を通じて、特定の分野の専門知識についての洞察を得ることができます。

> Beyond the classroom, the School's more than 100 student organizations, its **remarkably accessible** alumni network, **cutting-edge research centers**, and countless events all work in tandem to help students rewire their brains for success amid uncertainty.

教室の範囲を越えて、大学院にある 100 以上もの学生組織・**連絡が非常に取りやすい**卒業生ネットワーク・**最先端の研究センター**や数え切れないほど開催されているイベント、これらすべてが連携する形で、不確実性が高い時代に成功するために、学生が自分の脳の機能を高めることを支援します。

> Career Advantages
> With an MBA from Columbia, your career prospects multiply exponentially.

キャリア上の優位性。
コロンビアからの MBA を取得すると、あなたのキャリアの見通しは飛躍的に向上します。

(6) UCLA Anderson School of Management

> ANDERSON CULTURE
> We Share Success
> We **Think Fearlessly**
> We **Drive Change**

アンダーソンの文化。

成功を皆で共有します。**大胆に考えます**。**変化を推進**します。

> A Commitment To Diversity
> A Broader Learning Experience
> At UCLA　Anderson, we don't just talk about diversity, it is a vital part of our mission. We believe that diversity — whether of background, gender, culture or ideas — is what creates a vibrant and inclusive community.

多様性へのコミットメント。より幅広い学習をすることができる経験。UCLAアンダーソンでは、多様性について、単に語っているだけではありません。多様性は、私たちの使命(ミッション)を構成する必須の要素となっています。多様性が、経歴・性別・文化やアイディアのいずれに関するものであろうとも、活気があり受容性の高いコミュニティを創造するものだと信じています。

Career Services

Our students told Bloomberg Businessweek the Parker Career Management Center deserved an A+. We're here to guide you through the many stages of your career search, helping to refine your job hunt, shape your résumé and transform your interviewing skills — making you **the most in-demand candidate** you can be.

キャリアサービス。

私たちの学生は、ブルームバーグ・ビジネスウィークに対して、UCLA アンダーソンのパーカー・キャリア・マネジメントセンターは A +の評価に値すると、伝えました。私たちは、あなたがキャリアを考え、就職活動をしていく過程を通じて、あなたを導きます。あなたが職探しに磨きをかけ、レジュメを作成し、面接スキルを一変し、あなたがなり得る**最も需要の高い候補者**になれるよう、支援します。

（7）The MIT Sloan School MBA

> What Makes MIT Sloan Unique

マサチューセッツ工科大学スローンマネジメントスクールをユニークなものにしていること。

> Transformative Experiences
> The level of energy, **world-class faculty,** knowledge imparted, and entrepreneurial spirit found here may surprise even students who expect the best.

変革の経験。

満ち溢れるエネルギー・**世界に通用する教授陣**・授けられる知識の質、そして、ここで感じることができる起業家精神は、最高を期待してやってきた学生をも驚かせることがあるでしょう。

学部長 David C. Schmittlein 氏の声明からの抜粋

> This is a great MBA program. While not right for everyone, for many people, it is **the best program in the world.**

これは、素晴らしい MBA プログラムです。全ての人にとって適切とは言えませんが、多くの人々にとっては、**世界で最高のプログラム**です。

> There are several reasons for that. If you appreciate how important **successful innovation** is for great companies around the world, MIT Sloan is simply more dedicated to creating **effective innovation** than any other leading school.

いくつかの理由があります。世界中の偉大な企業にとって、**成功するイノベーション**がいかに重要であるかを、あなたが評価しているのなら、MIT スローンが、他のどの一流の大学よりも、**効果的なイノベーション**を創ることに、本当に専心している点に魅力を感じるでしょう。

> If you're interested in a program that gives you a deep dive into the fundamentals of business, but then lets you customize a program for your own needs, MIT Sloan is built exactly around that purpose.

ビジネスの基礎を深く知りつつ、ご自身のニーズに合わせて作り変えることができるプログラムに、あなたの興味があるなら、まさにその目的に合うように、MIT スローンのプログラムが構築されている点を魅力と感じるでしょう。

> I'm proud of our faculty and the way that they have built ideas that are **valuable** now and stand the test of time.

　私は教授陣のことを、そして彼らが、今**価値があるだけでなく、長年にわたっても価値を持つアイディアを創り出してきたやり方**を誇りに思っています。

> And finally, we are a real community. We're not the largest school of management — we are about 400 MBA students each year, and there's a reason for that. You can really get to know 400 people over a two-year program. And I'm proud of the strength of the network that we create here at MIT Sloan, and the fact that our graduates go out and join over 120,000 MIT alumni around the world.

　そして最後の点ですが、私たちは、真のコミュニティを形成しています。毎年受け入れる MBA の学生数は、400 程度ですので、私たちは、最も規模が大きい経営のコミュニティではありません。それには、理由があります。2 年間のプログラムを通じて、400 名の学生を本当に知ることができるのです。そして、私は、MIT スローンで構築しているネットワークの強さと、私たちの卒業生が 12 万人以上いる同窓生の会に参加しているという事実を、誇りに思っています。

（8）LinkedIn®

http://www.linkedin.com/

　ビジネスに特化した SNS である LinkedIn® professional networking services には、各人の職務経歴やスキル、アピールポイントや推薦文などが掲載されています。特に推薦文には、参考になるアピール力のある表現が豊富にありますので、いくつか例を紹介します。

> He provides **the best quality training products available**. His consultants are **helpful**, his products are **top of the line**, and his service is **excellent**.

　彼は、手に入る中で最良のトレーニングの商品を提供します。彼の（会社）のコンサルタントは、頼りになるし、商品は最高級で、サービスは優れています。

> She is **widely respected** for her expertise and advice to a wide range of complex issues. She is also **a trusted business partner and entrepreneur**.

　彼女は、彼女の専門知識と広範囲に及ぶ複雑な問題へのアドバイスに対し、**広く尊敬されています**。彼女はまた、**ビジネスパートナーと企業家として信任を得ています**。

> Ann was **diligent, hard-working and resourceful.** She was a **great asset** to the team and **a pleasure to work with**.

アンは熱心で勤勉で、才覚がありました。彼女はチームの貴重な人材で、一緒に仕事ができたことは喜びでした。

> Cathy works **extremely professionally**. She is a **committed** individual, focused on **delivery with quality**. She is very **client-focused** and has **great integrity.**

キャシーは、極めてプロフェッショナルに仕事をします。彼女は献身的で、質を伴う成果を出すことに集中しています。彼女はとても顧客志向で、非常に誠実です。

> Apart from **a talented communicator** and a manager, Tom is **an inspirational professional** with **excellent presentation skills**.

有能なコミュニケーターとマネジャーであるだけでなく、トムは優れたプレゼンテーションスキルを持った、人を鼓舞できるプロフェッショナルです。

> John **played a central role** in introducing the system.

ジョンはシステムを導入するのに中心的な役割を担いました。

> His **focus to detail, working effectively** within cross functional teams and **leading very productive negotiations**, were **outstanding**.

彼の細部に目を配る能力、クロスファンクショナルなチームで効果的に働き、とても生産的に交渉をリードする様は傑出していました。

> Monica is **very dependable, pleasant, organized, timely, and a great team player** – always willing to extend an offer of assistance.

モニカはとても頼りになり、感じが良く、まめで時宜を得ており、素晴らしいチームプレイヤーで、常に、支援の手を喜んで差し伸べます。

> Robin created and maintained **strong internal stakeholder relationships**. He had **strong credibility** within the business and expanded his scope of influence over a short period of time.

ロビンは社内のステークホルダーと強固な関係をつくり、それを維持しました。彼は、ビジネス界での**信頼が厚く**、短期間で彼が持つ影響範囲を拡大しました。

（9）自己紹介文

　一つの部署の中で完結する仕事が減り、組織横断的に、あるいは社外の人達と働くことが増えています。また、人脈や視野を広げるために、異業種交流会に参加したり、社外で複数のコミュニティに所属したりする人が増えています。そんな中、自分自身を魅力的に伝える自己 PR のスキルは、就職や転職の面談の際だけでなく、新しい方と出会った際に行う自己紹介でも必要となっています。

　自分の存在を相手に印象づけ、効果的なネットワークを構築するためには、何をしている人物として相手の記憶に残りたいのか、そして相手に何（＝価値）を提供できるのか、相手とどんな関係を築きたいのか、といったことを事前に整理しておくことが大切です。その際の軸になるのは、あなたの強みや、**USP**（ユーエスピー：Unique Selling proposition の頭文字をとったもの）です。それぞれについて、見ていきましょう。

◇　強み：得意とするスキルで、使うことが苦にならないもの

　著者の井上の場合、英語指導がこれにあてはまります。どんなに疲れていても、英語指導を嫌と思ったことはなく、むしろ、英語指導をすることで元気になります。強みは、趣味の音楽、スポーツ等、仕事に直接関係がないものでも構いません。話す相手によって関心が異なるため、できるだけ多くリストアップしてみましょう。

◇ USP（ユーエスピー：Unique Selling proposition）：
あなただけが提供できる、強みを活かしたユニークな価値提案

英語ができる人は、相当数います。しかし、「ワークショップを英語でできる X 非ネイティブの英語にも慣れている X ファシリテーター経験が豊富」と複数の要素を組み合わせていくことで、著者の井上は、ユニークな価値提案を狙っています。この USP を活かした、相手とのやり取りを見てみましょう。

例1）

> Hi. I am Taeko Inoue. I am a facilitator. I conduct workshops on leadership and other topics in Japan and Asia using both Japanese and English.

こんにちは。井上多恵子です。私はファシリテーターです。リーダーシップや他のトピックについて、日本とアジアで、日本語と英語の両方でワークショップを行っています。

> Really? I am interested in doing a workshop in English at our company. Can you tell me more about what you do?

本当ですか。英語のワークショップを会社で行うことに興味があります。あなたがしていることをもっと教えていただけませんか。

> Certainly! I have conducted workshops to over 100 people from various countries. Many of them have recommended my workshop to others.

　もちろんです。私は様々な国出身の100人以上の人々に対して、ワークショップを行ってきました。彼らの多くが、私のワークショップを推薦してくれています。

> That's wonderful! Do you have a website with more information?

　それは素晴らしいですね。それについての情報を掲載したウエブページはありますか。

> Yes. I will send you the URL. Please have a look at it and let me know if you have any questions.

　はい。URLアドレスを送付します。ウエブページを見て、ご質問があれば、お知らせください。

　実際に自己紹介をする際には、第一印象を良くするために、相手の目を見て元気よくはきはきと、笑顔で挨拶をしましょう。笑顔は、万国共通と言われています。これを使わない手はありません。一般的に日本人は、笑顔が控え目だと言われています。極端な作り笑いは避けたいですが、口角を上げた、自然な笑顔を心がけましょう。

相手があなたの名前を聞きとることができるよう、「名前はゆっくり言う」を鉄則にしましょう。日本の場合だと、姓だけ伝えるのが一般的ですが、フルネームで言い、ファーストネームとラストネームをちゃんと区別できるように、間で一呼吸をおいて、発音します。外国人には発音しにくい、あるいは覚えづらい名前の場合、ニックネームを使うこともあります。著者の寺澤は、**Terry**（テリー）というニックネームを使っています。

　握手をする場合は、自信が伝わるよう、手に力を込めてください。会話が終わった後は、次のような言葉で、締めくくりましょう。

I enjoyed talking with you.

　あなたとお話ができて楽しかったです。

　次に、新しい部署に異動した時の自己紹介の例を見てみましょう。

例2）

Hello, everyone. I am Ai Chiba. I am very glad to meet you all.

　こんにちは。千葉愛です。皆さんと会えてとても嬉しいです。

I moved from Corporate Communications. So, I know many people in the company. I also know how to tell stories.

広報から異動してきました。社内に多くの知り合いがいます。また、どうやってストーリーを伝えたらいいのかを知っています。

> If anyone needs help in these areas, I would be happy to help. On the other hand, I am new to the Planning Dept. So, I would be grateful for your support.

これらの領域で助けが必要な方がいたら、喜んでサポートします。一方、企画部は初めてです。サポートをよろしくお願い致します。

この場合も、新しい部署にどんな価値が提供できるのかを伝えています。採用面接で質問に答える中で、自己プロモーションする際には、この価値提供をより明確に意識することが必要です。例えば、セールスマネジャーのポジションに応募する場合の例です。

> I have worked in sales for over 10 years. I have always achieved my sales target. In 2014, I received the Top Salesperson's Award at my company. I am good at finding customers' needs and providing creative solutions.

私は１０年以上セールスで働いてきました。私は常にセールスターゲットを達成してきました。2014年には、会社でトップセールスパーソン賞を受賞しました。私は顧客のニーズを見つけ、クリエイティブな解決策を提供することが上手です。

「提供できる価値」をどの程度話すかは、場面と相手によって異なります。面接か、通常のネットワーキングイベントか、相手が自己プロモーションを奨励する文化で育ってきたのか、それとも謙遜を奨励する文化で育ってきたのか、相手との関係性に応じて、調整するようにしてください。

参 考 資 料

◎ 本書で引用した大学院のホームページの URL （本書掲載順）

- Harvard Law School
  - http://hls.harvard.edu/

- Massachusetts Institute of Technology Sloan School of Management
  - http://mitsloan.mit.edu/mba/index.php

- Stanford University– Graduate School of Business
  - http://www.gsb.stanford.edu/mba/

- Columbia University – Graduate School of Journalism
  - http://www.jrn.columbia.edu/

- Graduate Division, University of California, San Diego
  - http://grad.ucsd.edu/

- Oxford University – Saïd Business School Graduate
  - http://www.sbs.ox.ac.uk/

- University of Cambridge – Judge Business School
  - http://www.jbs.cam.ac.uk/home/

- UCLA Anderson School of Management
  - http://www.anderson.ucla.edu/degrees/mba-program

- Harvard Business School
  - http://www.hbs.edu/mba/Pages/default.aspx

- The Wharton School, The University of Pennsylvania, MBA Program
  - http://mba.wharton.upenn.edu/

- The London Business School
  - https://www.london.edu/

- Kellogg School of Management, Northwestern University
  - http://www.kellogg.northwestern.edu/

- Columbia Business School
  - http://www8.gsb.columbia.edu/

あ と が き

　本書の出版にあたり多くの方々のお世話になりました。

　まずホームページを参考にさせていただいた、さまざまな大学院に感謝いたします。留学を志す多くの日本人の参考になるような本を書きたいという思いの実現には、出願要項を掲載している大学院のホームページは不可欠でした。数多くの「アピール力のある文例」も抜粋させていただきました。

　次に実際に入学などに貢献した英文推薦状の例を提供してくれた、米国人の知人 Ms. Sharman L. Babior に心から感謝いたします。

　ホームページ「英文履歴書コンサルタント *Resume Pro* レジュメプロ」で、コンサルティング・作成代行をさせていただいた一部のかたがたには、レジュメやカバーレターを文例として掲載することについて、ご快諾をいただきました。

　仕事を通じて知り合った柳澤典子さんは、本書のカバーと帯を、素晴らしい感性で仕上げてくれました。寺澤の妻、美代子は、本書で使用しているさまざまな挿絵を、寺澤執筆の前著3冊に引き続き提供してくれました。

　税務経理協会の峯村英治部長には、寺澤執筆の『英文履歴書ハンドブック』・『英文履歴書文例集』・『英文履歴書のカバーレター』に続いてお世話になりました。

　これらのかたがたに厚くお礼を申し上げます。

　　2003年7月吉日

寺　澤　　惠
井　上　多恵子

アピール力のある表現—英語表現索引

主に、第Ⅲ部 第1章の「アピール力のある表現」内の掲載ページを載せています。

ability to	161
able to	161
accomplish	179
accomplishment	179
achieve	179
achievement	179
active	168
adapt	168
adaptability	168
alert	168
ambitious	169
analytical	169
analyze	180
approve	180
arrange	180
assist	181
attentive	169
calmly	170
capability	162
capable	162
capacity	162
clarify	69, 133, 181
committed	170
competency	163
competent	163
complete	44, 49, 93, 103, 181
conceive	182
conduct	182
conscientiously	171
constructively	171
create	182
creatively	172
creativity	172
demonstrate	182
dependable	172
develop	183
devise	183
double	183
dynamic	173
earnest	173

efficiency 173
efficient 173
eliminate 183
energetic 173
enlarge 184
enthusiasm 174
enthusiastically 174
establish 184
evaluate 184
excellent 163
expand 184
expedite 185
halve 185
head 185
implement 186
improve 186
increase 186
innovate 186
inspire 187
inventiveness 174
launch 187
logical 175
methodical 175
motivate 188
motivated 175

motivation 176
organize 188
outstanding 164
overcome 188
participate 188
proficiency 164
proficient 164
qualified 54, 57, 116, 165
raise 189
reduce 185, 189
reliable 176
simplify 190
sincere 177
sincerity 177
skillful 165
solve 190
streamline 190
strengthen 191
succeed 191
superb 166
superior 166
supervise 191
systematically 177
verify 192

アピール力のある表現―日本語表現索引

主に、第Ⅲ部 第1章の「アピール力のある表現」内の掲載ページを載せています。

〜するのが上手 164	交渉する 188
〜に精通した 166	合理化する 190
意欲満々の 169	克服する 188
売り出す 187	才能 162
落ちついて 170	刷新する 186
解決する 190	参加する 188
改善する 186	資格がある 165
開発する 183	実行する 186
拡大する 184	実施する 182
活動的な 173	熟達 164
考え出す 182	熟練した 165
完成させる 181	承認する 180
簡素化する 190	信頼できる 176
機敏な 168	遂行する 179
強化する 191	優れた 166
訓練する 191	する能力 161
計画性のある 177	するのに適任 163
傑出した 164	成功する 191
建設的に 171	誠実な 177
考案する 183	誠実に 171

整然と	175	熱意	174
精力的な	173	熱心な	173
積極的な	168	倍増する	183
設立する	184	半減する	185
専心している	170	率いる	185
創作する	182	評価する	184
創作力	174	増やす	186
創造的に	172	分析する	180
促進する	185	分析的な	169
卓越している	163	導く	187
巧みに	165	明確にする	181
達成する	179	やる気にさせる	187
堪能な	164	有能な	162, 173
超一流の	166	立証する	192
手配する	180	論理的	175
動機づける	175, 188		

著者紹介

寺澤　惠（てらざわ・めぐむ）
【主な経歴】　一橋大学卒業，米国コロンビア大学経営大学院留学。米国勤務13年。米国三井物産副社長，千葉経済大学教授などを経て，英文履歴書コンサルタント「レジュメプロ」アドバイザー。
（ホームページは，レジュメプロで検索可能）
【関連著書】　『英文履歴書ハンドブック』『英文履歴書文例集』『英文履歴書のカバーレター』『心をつかむ　英語アピール力』（全て税務経理協会）『プロが教える英文履歴書の書き方』（株式会社DHC）

井上多惠子（いのうえ・たえこ）
【主な経歴】　一橋大学卒業，米国・豪州での計11年間の在学と勤務経験。ソニー海外営業部や海外支社を経て，ソニー㈱。「レジュメプロ」代表。東北大学非常勤講師（英語）他。
【資　　格】　TOEIC 990点　英検一級（優秀賞），通訳案内業（受験外国語英語）。
Diploma in Journalism, Macleay College, Australia

著者との契約により検印省略

2003年9月1日	初版第1刷発行
2006年6月1日	初版第2刷発行
2011年10月1日	改訂版第1刷発行
2016年5月1日	三訂版第1刷発行

英文自己PRと推薦状
〔三訂版〕

著　者	寺　澤　　　惠	
	井　上　多恵子	
発行者	大　坪　嘉　春	
印刷所	税経印刷株式会社	
製本所	牧製本印刷株式会社	

発行所　〒161-0033 東京都新宿区下落合2丁目5番13号　株式会社 税務経理協会

振　替　00190-2-187408
ＦＡＸ　(03)3565-3391
電話　(03)3953-3301（編集部）
　　　(03)3953-3325（営業部）
URL　http://www.zeikei.co.jp/
乱丁・落丁の場合は、お取替えいたします。

© 寺澤　惠・井上多恵子 2016　　　　　　　　　Printed in Japan

本書の無断複写は著作権法上での例外を除き禁じられています。複写される場合は，そのつど事前に，(社)出版者著作権管理機構（電話 03-3513-6969，FAX 03-3513-6979, e-mail：info@jcopy.or.jp）の許諾を得てください。

JCOPY ＜(社)出版者著作権管理機構 委託出版物＞

ISBN978-4-419-06323-8　C3034